대한민국에서 교인으로 살아가기

이숙경

엠오디

작가의 말

내 인생에서 가장 많은 시간을 보낸 곳은 교회다.
교회에 대한 열정이 넘쳤을 때는 일년 365일 중 250일 넘게 뛰어갔다.
대한민국에서 교인으로 살아가기는 기독교인으로 사는 것과 좀 다르다.
슬픈 설교를 쓴 이후 나도 좀 달라졌다.
나만 달라진 건 아니다.
내가 알던 친구의 절반 이상이 교회를 떠났다.
아직도 교회 다니니?
이런 소리를 들으면서도 나는 교회간다.
헬교회에 대해 써보라는 권유까지 받을 정도로
변질된 교회, 변질된 교인, 변질된 목회자가 가슴 아프지만
그럼에도 나는 아직도 교회 다닌다.
교인이 아니라 기독교인으로 살고 싶은 열망을 가지고.

이 글은 애증으로 범벅이 된 교회와 교인에 대한 이야기다.

이숙경

서울에서 태어났다.
전방 100미터 안에 있던 교회를 수십 년 째 줄기차게 다니는 중이다.
이 주님 저 주님 만나면서 고민하고 고생하고 고집부리면서 고통당하다가
어느 날 번쩍 눈이 떠져 '예수 따르미'의 즐거움을 누리며 살고 있다.

매일신문, 경남신문 신춘문예에 소설이 동시 당선.
두 권의 소설집과 세 권의 에세이집을 냈다.
수필도 쓰고 소설도 쓰고 목사님 전기도 쓰고 교회 미담집도 쓴다.
canna-lee@hanmail.net

이숙경 작가는 '아무것도 없는 자 같으나 모든 것을 가진 자'로 살며 神을 아버지라 부르는 행복한 사람이다. 무모한 삶마저도 마땅히 가질 수밖에 없는 무늬로 바라보며 보편적인 사랑을 꿈꾸는 따뜻한 영혼을 가졌다. 그래서 그녀는 맑게 소외된 자리보다 생의 한가운데에서 부대끼며 살아가는 모습이 훨씬 매력적이다.

이 책이 깊은 울림을 주는 이유는 저래도 되나 싶게 하나님께 들이대고 매달리면서도 작가와 생활인으로서, 또한 신앙인으로서 당당하게 살아가는 진솔한 고백 때문일 것이다. 고통과 사색 속에서 길어 올린 적잖은 이 고백들이 힘들고 어려운 이들에게 크나큰 위로가 될 것이다.

– 안태현 (시인)

작가 이숙경은 책에서 고백하듯 눈을 뜨면서부터 설교 듣기로 시작하여 잠들기 전까지 설교를 들을 정도로 교회를 사랑하고 말씀을 사랑하는 크리스천이다.

말씀과 다른 한국 교회 현실에 대한 예리하고도 솔직한 비판은 교회에 대한 깊은 애정 없이 불가능하다.

그러면서도 작가는 늙고 병든 개와 투병중인 남편을 돌보느라 힘든 일상적인 삶의 모습을 꾸밈없이 보여준다.

힘든 일상과 달리 늘 명랑해 보이는 작가는 에세이를 통해 삶과 현실을 대하는 크리스천의 자세를 제시해줄 것이다.

– 이상일 (전 서울신문 논설위원)

'너희가 내 말에 거하면 참으로 내 제자가 되고,
진리를 알지니 진리가 너희를 자유롭게 하리라'
'마음이 가난한 자는 복이 있나니 하늘나라가 그들의 것이다'
추상적 주관적 신앙은 구체적 삶 속에서 예수님 말씀의 실천이라는 기준에 의하여 객관화 된다. 객관화 지수의 평가는 선한 양심의 반응 정도이다.
자유인, 마음이 가난한 자인 이숙경 작가의 세세한 삶의 투명한 신앙 고백은 죄인 된 세상에서 우리에게 休心井(휴심정)을 주고, 명상과 성찰, 보다 나은 세상으로 나아가는 영원한 희망을 공유하게 한다.   - 이상환 (전 중앙선거관리위원)

그녀는 투명하다. 너무도 솔직하다. 겉과 속을 그대로 표현한다. 사람을 살면서 자꾸 가리게 되는데 그녀는 정 반대이다. 십여 년 동안 그녀를 지켜본 느낌이다.
이숙경 작가는 마음과 행동과 글이 삼위일체가 되어 함께 하는 사람들에게 믿음을 전염시키고 사랑을 전염시킨다. 공기의 고마움을 잊고 살 때 그녀는 삶으로 보이지 않는 하나님을 보여준다.
그녀와 일상을 나눌 때마다 나도 저렇게 살아야지 하는 마음이 된다. 그녀의 전도 방법이다. 이제 그녀는 글로 전도할 수 있게 되었다. 이 책에 올올이 적힌 그녀의 마음을 읽는다면 교인에서 기독교인으로 자신도 모르게 흘러가게 되지 않을까?
          - 원미원 (배우)

예수는 거룩하신 여호와 하나님 아버지를 아빠라고 불렀다.

경건한 종교지도자들이 예수를 신성모독자로 몰았다.

예수는 그런 종교지도자들이 부르는 하나님 아버지를 마귀라고 하셨다.

그러므로 예수는 죽임을 당하신다.

그러나 그 죽음으로 진짜 아빠를 알게 하시는 일을 지금도 이루고 계신다.

그 죽음으로 하나님의 뜻 다 이루시고 부활 승천하셔서 성령을 부어주셨다.

그렇게 성령이 임한 자들은 예수님이 아빠라고 부르신 그분을 같이 아빠라고 부른다.

(롬8:15,갈4:6)

천국은 어린 아이같이 받아들이는 자의 것이라고 예수께서 말씀하셨다.(막10:14,15)

어린 아이는 자기를 믿지 않고 아빠의 전능함을 믿고 산다.

이숙경 작가는 예수를 통하여 이런 아빠를 믿고 살아가기에

아무 것도 없으나 많은 사람을 부요하게 한다.   - 이장우 (창원 늘푸른교회 목사)

26년간 문우로서, 동갑내기 친구로서 곁에서 지켜본 바에 의하면 그녀는 늘 아슬아슬하고 위태로운 삶을 살았다. 그러나 책을 덮으며 깨달았다. 아무것도 지니지 않았으나 세상 그 누구보다 부요한 자임을.

넘어지고 쓰러질 때마다 항상 그 분이 옆에서 지켜보고 계셨다.

때론 혹독했지만, 처음부터 줄곧 사랑의 입김을 불어넣고 계셨다는 사실이다

         - 전 영 (수필가)

우리는 무엇으로 사는가. 나는 무엇으로 사는가.

《대한민국에서 교인으로 살아가기》를 다 읽고 든 생각은 바로 이 두 가지였다.

유려하지도 화려하지도 않은 언변. 그 속에는 놀랍게도 모든 게 다 들어있었다.

교인도 아닌 나를 사무치게 때리는 교인의 삶.

천변의 라일락과 아픈 가장의 노래 소리가 나를 한없이 주눅 들게 한다.

맨살로 드러난 저자의 신념이 처절하리만큼 아름답고 눈부시다.

우리는 정녕 무엇으로 사는가. 여기 그 답이 있다.　　　　　　　　　　 – 조영아 (소설가)

대학 시절, 럿셀의 "나는 왜 기독교인이 아닌가"라는 책을 읽었다.

그의 글은 노벨상을 받은 글쟁이답게 논리에 설득력이 있었다.

성경공부 모임의 동지로서, 이숙경 작가의 발걸음은 사뿐사뿐했지만 속도가 빨랐다.

나는 헉헉대며 먼발치 앞서가는 그녀의 뒤꿈치를 따라가는 처지이다.

그녀의 새 책은 "나는 왜 기독교인 인가"의 핵심을 들려줄 게 틀림없다.

그녀의 뒤꿈치가 드러내는 사뿐한 설득력을 그저 열심히 따라갈 일이다.

　　　　　　　　　　　　　　　　　　　　　　　　　　　　 – 황인뢰 (연출가)

〈가나다순〉

대한민국에서 교인으로 살아가기

I 부.

하나님이
나에게
웃음을 주셨구나

라일락 꽃향기 맡으며

몇 년 전 낡고 오래된 아파트에 살 때였다. 그때는 하루의 한줌쯤 행복했고 나머지 시간은 슬펐다. 무엇보다 나를 용서할 수 없어서 오랜 시간 자신을 힐뜯고 상처를 후벼 파며 보냈다. 아침에 눈을 뜨면 다시 감고 싶었던 나날들. 누구든 한번쯤은 인생에서 그런 시간이 있지 않을까.

새벽이면 집 앞 교회에 갔다. 그곳에라도 가지 않으면 온종일 죽은 듯이 누워 있을 것 같아서. 어둑한 예배당 구석에 앉아 안 보이는 하나님을 옆자리에 앉혀놓고 참 많이도 울었다. 눈물은 마음속에도 뚝뚝 떨어졌던지 습기 가득 찬 영혼은 툭하면 목이 메게 만들었다. 그때 만났던 사람들은 내가 울음을 참으려 얼굴이 붉게 물드는 모습을 다들 몇 번은 보았을 테지.

기도는 한 마디도 나오지 않았다. 그렇다고 하나님을 원망

하는 것은 아니었지만 어쨌든 그때 나는 혼자라고 생각했다. 누구에게도 나의 고통과 슬픔을 말해줄 수도 없었고 말한들 내 마음을 이해할 것 같지도 않았다. 가족도 있고 친구들도 있고 사랑하는 사람들도 있었는데 오롯이 혼자인 것 같은 마음을 어떡하란 말인가.

기도소리 가득한 예배당을 나와 천변을 걸었다. 시간의 흐름에 따라 천변의 수목들은 갖가지 꽃을 피우고 있는데 나는 꽃이 보이지 않았다. 흐드러진 꽃무더기를 지나면서, 평화로운 표정으로 산책 나온 사람을 스쳐 지나면서 구름한 점 없이 맑고 푸른 아침의 하늘을 안고 걸으면서 나도 모르게 눈물이 툭 떨어지는 건 어쩔 수 없었다. 손수건 하나 없던 나는 손등으로 눈물을 훔치며 걸었다. 무심결에 걷는 낡은 워킹화의 발끝은 마치 허공을 딛는 것 같았다. 그때는 생을 부유하던 시간이었다고 생각한다. 땅에 발을 딛지 못하고 먼지처럼 떠돌아다니던 시간.

맑고 밝은 봄의 햇살이 온 누리에 비추고 있는 아침이었다. 저만큼 아득하게 쾌활하게 자전거 페달을 밟으며 학교에 가는 소년이 나타났다. 쏜살같이 다가온 소년의 자전거가 어느 새 찌릉찌릉 벨을 울리며 지나치는데 나는 그 자리에 그냥 주저앉고 싶었다. 왜 순결해 보이는 풍경이 더욱 나를 슬프게 했는지 모르겠다. 나는 좀처럼 떼어지지 않는 발을 억지로 내딛었다. 그냥 걸었다. 마치 누군가에게 계속 걸어야 하는 형벌이라도 받은 것처럼.

머릿속에는 맹목, 사랑, 슬픔, 고통, 운명, 같은 단어들이 두서없이 떠다니는데 막상 옆을 보면 맑은 물 수초 사이에서 오리 떼들이 찰랑찰랑 물질을 하고 있었다. 어떻게 이럴 수가 있을까. 평화로운 아침 풍경과의 간극은 나에게 또 하나의 상처였다.

그렇게 무기력한 발걸음을 옮기던 때였다. 알 수 없는 꽃향기에 나도 모르게 걸음을 멈추었다. 멈출 수밖에 없었다. 한 무더기 무성한 수풀사이에 잘디잔 연자주 빛 꽃잎들이 흐드러지게 피어있었다. 어떤 색으로도 표현할 수 없는 영롱한 기쁨의 빛이 꽃무더기마다 쏟아져 있는 것을 나는 보았다. 숨이 멎는 것 같았다. 나는 꽃잎에서 뿜어져 나오는 향기에 한순간에 잡혔다. 오, 놀라워라. 그 순간 영혼 1도 없는 시체처럼 걷고 있던 나는, 믿을 수 없게도, 나도 모르게 미소를 짓고 있었다.

새벽에 눈을 뜨면서부터 줄곧 나를 사로잡았던 흐리고 축축하고 어둡고 상심한 마음이 환한 별을 가슴에 안은 것처럼 환하게 밝아왔다. 나는 꽃 가까이 다가가 향기를 맡았다. 아마도 난생 처음 꽃향기를 맡으러 꽃 가까이 섰을 것이다. 코끝에 생의 환희 같은 향기가 강렬하게 나를 덮쳤다. 마치 누군가 나를 생의 한가운데 세워놓고 사랑과 축복과 기쁨의 샤워기를 뿌려대는 것 같았다. 나를 한순간에 슬픔에서 환희로 바꾸어 놓은 꽃무더기가 물푸레나무 과에 속하는 라일락꽃이라는 것은 나중에 알았다. 나를 몇 겹이나 에워싸고 있던 우울에서 벗어나게 해준 것이 가족도 아니고 친구도 아니고 라일락 꽃향기였다니! 집으로 오는 길은 내내 꽃향기에 취해 있었다. 그때 라일락 꽃향기는 하나님의 위로였다고 나는 생각한다.

그로부터 몇 년의 세월이 흐른 지금, 나는 며칠 째 라일락 꽃향기를 맡으며 걷고 있다. 그렇게 슬픔의 시간을 보냈던 나는 더 이상 손등으로 눈물을 훔치지 않는다. 가볍고 촉감이 좋은 아쿠아 런닝화를 신고 연두색 향연이 벌어진 숲을 향해 즐겁게 걸음을 옮긴다. 루이 암스트롱의 왓어 원더풀 월드(What A Wonderful World)를 콧노래 부르며. 꽃향기 속에 몇 년 전 슬픔에 가득 찼던 내 모습도 보인다. 그땐 그랬었지. 그럴 때가 있었음으로 오늘 더욱 감사하게 된다. 나는 그것을 축복이라 생각한다. 깊고 짙은 향을 맡는다. 그렇게 가끔 길 위에서 그렇게 하나님의 위로를 만난다. 그것 역시 감사한 일이다. 지금은 하루의 한줌쯤 우울하고 그 나머지 시간은 아름답다. 그 아름다운 시간 한 켠에 나를 사로잡는 구절이 있다.

삶을 하나의 무늬로 바라보라
행복과 고통은
다른 세세한 사건들과 섞여들어
정교한 무늬를 이루고
시련도 그 무늬를 더해 주는 색깔이 된다.

노래하는 하우스푸어

．
．
．

분양받아 입주해서 이십여 년 째 살고 있는 작은 아파트에서의 아침. 내년이면 일흔 살이 되는 남편의 노래 소리가 들려온다. 시월의 어느 멋진 날에.

이사 가는 사람이 놓고 간 화분, 지인의 집에서 분양받아 온 화분에 물을 주면서, 희끗희끗한 구레나룻이 멋지게 자란 남편이 부르는 노래이다. 뇌경색의 후유증으로 정확하지 않은 발음에 늘 반 박자 쯤 느리고 높은 음에서는 목소리가 나오지 않지만, 그래서 김동규의 목소리만큼 멋지지는 않지만 나에게는 더할 나위 없이 감미로운 노래로 들린다.

남편은 노래를 잘했다. 연애 시절 남편은 멋진 테너로 〈오 솔레 미오〉를 원어로 불러 나를 매혹시켰다. 연애 시절까지 갈 것도 없다. 처음 이 아파트로 입주한 날도 남편은 노래를 불렀다.

그의 즐거움의 표현은 늘 노래가 되어 흘러나왔다. 우리는 손을 마주 잡고 좁은 거실을 빙빙 돌았다. 융자금이 집값의 반이었지만 쉰이 넘은 나이에 처음으로 내 집을 장만했다는 기쁨은 타워 팰리스에 입주한 것보다 더했으리라.

하지만, 뇌경색으로 쓰러져 왼쪽 마비가 온 남편은 졸지에 장애인이 되었다. 거동이 불편해지자 무엇보다 남편은 자신의 변해버린 모습을 믿을 수 없어 했다. 남편은 친척은 물론이고 지인들과의 연락도 끊어버렸다. 홀로 자신만의 세계로 들어가 버린 것처럼 그 후로는 집밖으로 나가지 않았다. 나는 남편의 간병인이 되고 남편의 아내이며 어머니가 되고 남편의 친구이며 친척이 되었다.

아무리 의사가 산책을 권하고 운동을 권해도 무기력증에 빠진 듯, 남편은 온종일 집안에 틀어박혀 TV 채널을 돌리거나 길고 긴 낮잠을 잤다. 아무것도 도와줄 수 없는 나는 그냥 옆에서 지켜볼 수밖에 없었다. 사람들이 오는 것을 좋아해서 늘 집에는 손님들이 들끓고 웃음소리가 끊이지 않았는데 차츰 전화가 뜸해지더니 이윽고 세일즈맨 전화밖에 오지 않게 되었다.

너무도 쓸쓸한 당신.

박완서의 소설에 그런 제목이 있었던 것 같다. 그 '당신'은 바로 나의 남편이기도 했다.

나는 점점 왜소해지는 남편의 머리를 감기고 몸을 씻겨주었다. 백발이 된 남편의 머리를 집에서 잘라주고 셔츠의 단추를 잠가주었다. 그렇게 얼마 지나지 않아 우리는 하우스 푸어가 되었다. 그리고 우리는 흐르는 세월에 따라 점점 낡아지고 늙어지고 병들었다. 집과 함께 쓸쓸하게 낡아져갔다.

입주 때부터 그대로인 낡고 때 묻은 벽지. 손잡이가 떨어져 나가고 한쪽 어깨가 살짝 기울어 문이 잘 닫히지 않는 삼십 년 역사를 자랑하는 보루네오 장롱. 곧 겨울이 오는데 아직도 행거에 걸려있는 허접한 여름옷들.

대못 몇 개가 박혀있는 벽에는 아들이 초등학교 시절 조선일보 사생대회에 나가 부상으로 타온 시계가 입주 때부터 십 수년째 그 자리를 지키고 있다. 니스를 칠한 장판지는 더 이상 어찌할 수 없을 정도로 찢어지고 군데군데 구멍이 나는 바람에 며칠 전 남편이 임시방편으로 피라미드처럼 차곡차곡 테이프를 이어 붙여 놓았다.

낡은 장면은 부엌에도 있다.

기름때에 절은 렌지후드 한 쪽이 반 뼘 정도 밑으로 내려와 있는 것이다. 예전에는 힘주어 치면 올라가 붙기도 했지만 이제는 아무리 올려붙여도 밑으로 고개를 떨군다. 십 몇 년의 조리 시간동안 그을음과 냄새와 연기를 꾸역꾸역 집어 삼켰던 후드는 이제 너무도 늙어빠져 제 기능을 잃어버린 지 오래다.

한 팔 길이 정도 밑으로 내려온 식탁용 갓전등 위에는 거의 일 센티는 될 만큼의 더께가 앉아 있다. 모기와 날벌레들이 제 집 드나들 듯 하는 구멍 난 방충망. 창밖은 깊어가는 가을이 아름답지만 집안으로 눈을 돌리면 여기저기 궁핍의 냄새가 짙게 배어있는 풍경이다.

　　하지만 뭐니뭐니해도 집에서 가장 괴로운 풍경은 늙고 병든 개였다.

　　개의 나이로 말년을 맞고 있는 열다섯 살 된 시추는 태어난 지 몇 달 만에 우리 집으로 입양되었는데 한마디로 말해 산 채로 썩어가고 있다. 개의 그런 모습을 관찰하기 전까지 나는 살아있는 생물체는 살아 있는 한 썩지 않는다고 믿어왔다.

　　불쌍한 개.

　　늙은 개는 짓무른 살을 핥느라 깨어있는 거의 모든 시간을 허비한다. 왼쪽 뺨에 부풀어 오른 커다란 종양 덩어리는 암일까? 백태가 끼어 이제는 거의 사물을 분간 할 수 없게 되어 눈 뜬 장님처럼 행동거지가 어눌해졌다. 갈비처럼 강력한 냄새가 나지 않는 음식은 개 주변에 떨어져 있어도 한나절 지난 후에야 겨우 발견하곤 한다.

외출에서 돌아와 현관문을 열면 제일 먼저 맞이하는 것이 개가 썩어가는 냄새였다. 한쪽 귀는 염증으로 완전히 막혀 있고, 다른 한쪽은 목욕을 시켜줄 때마다 귓속에 가득 찬 고름과 이상한 딱지들을 후벼주고 면봉으로 소독을 해주는데, 형언할 수 없는 악취가 코를 찌른다. 그러므로 개는 우리가 외출에서 돌아와 아무리 쿵쿵거리며 발소리를 내도 코를 골면서 잠을 잘 만큼 귀가 멀어 있는 상태였다.

시청각을 상실해가고 있는 중인 개에게 무엇이 낙인지 정말 모르겠다. 이제는 아무리 맛있는 것을 주어도 그다지 반겨하지 않으니. 무엇보다 안타까운 것은 사람보다 이십만 배 예민하다는 개의 후각으로 자신이 썩어가는 냄새를 가장 절실하게 맡으며 죽어가고 있다는 것이겠지.

우리 집 방문하는 것이 취미였던 친구 부부는 이제 집안으로 들어오지 않으려 했다. 온몸이 썩어가는 개 냄새가 너무 역겨워 집에 들어오기 꺼려진다는 것이다. 우리는 다행스럽게도 후각이 마비되어 버렸는지 개의 냄새가 익숙하다.

게다가 일 년 전부터 치매까지 생긴 개는 똥을 아무 곳에나 싸기 시작했다. 그렇다보니 아침에 눈을 뜨면 제일 먼저 개의 똥이 어디 있는지 찾아다니는 것이 일과가 되었다. 거실 구석이나 현관 앞에서 발견하면 그나마 다행인데 아들 침대 밑에서 발견되기라도 하면 정말 큰일이었다. 잠결에 일어난 아들이 밟으면 아침이 너무 시끄러워지니까.

작년까지만 해도 통장의 잔고를 긁어서 동물 병원으로 데리고 갔다. 나는 이가 아무리 아파도 정신을 잃을 정도가 아니라면, 허가받은 도둑이라고 생각하는 치과의사에게 눈물 어린 비자금을 바치고 싶지는 않기에 진통제 몇 알로 일주일은 버티지만 개에게는 그럴 수 없지 않은가. 십만 원에 육박하는 치료비와 약값을 지불했는데도 수의사는 고개를 저었다. 이제는 어쩔 수 없다는 것이다.

지난여름부터 나는 기도에 한 가지 조항을 추가했다.

저 불쌍한 늙고 병든 개를 어서 평안히 죽게 하여 주십시오.

만일 올해 안에 개가 죽는다면 한 달 동안만 죽도록 울고 개의 존재를 싹 잊어버릴 결심을 하고 있다. 그리고는 얼마간의 돈을 들여서 집을 리모델링하는 꿈을 꾸는 것이다.

테이프로 임시 막음한 안방의 장판지와 거실의 모노륨과 모자이크처럼 조각조각 나누어진 내 방의 비닐 장판과 아들 방의 구불구불해진 비닐 장판지까지 모두 나무 바닥재로 깔고 나무의 감촉을 밟으면서 걷는 것이다.
어두침침한 등을 모두 바꾸어 밝기의 기능성을 강조한 조명등을 다는 것이다. 입주할 때부터 유리창만 알몸으로 드러나 있는 창문마다 잔잔한 꽃무늬 커튼을 달아 환상적인 밤의 풍경을 만드는 것이다. 때에 절고 빛바랜 모든 스위치를 산뜻한 것으로 바꾸고 밑으로 내려온 렌지후드를 다시 단다. 방충망도 새로 끼운다. 이제 초대받지 않은 손님인 벌레들은 안녕이다.

좀 더 비용을 쓸 수 있다면 물이 새는 욕실의 샤워꼭지도 갈고, 아무리 닦아도 곰팡이 자국이 지워지지 않는 욕실의 세면 대도 갈고, 파인 홈마다 시커먼 때가 끼어 얼룩덜룩한 싱크대도 밝은 아이보리 색으로 새로 장만한다.

선반이 휘어지고 크기도 색깔도 제각각인 책꽂이도 튼실한 나무의 맞춤형 책꽂이로 짜 맞춘다. 남편이 아파트 재활용 코 너에서 골라 주워온 것이 대부분인 중구난방 가구들을 내가 좋 아하는 짙은 나무색으로 통일해서 구입한다. 거기에, 결혼 이후 늘 꿈꾸어 왔던 침대를 처음으로 들여놓는다면 방이 얼마나 낭 만적으로 변할까?

꿈은 꿈에 불과하지만 상상만 해도 즐거웠다. 끝없이 상상 하던 나는 나도 모르는 순간, 새로 도배한 깨끗한 공간에 폴짝 폴짝 뛰어다니던 어린 시절의 개를 그려 넣었다.

잘 익은 포도송이 같은 검은 눈동자를 반짝이며 아주 작은 소리로 불러도 귀를 쫑긋거리면서 베란다 구석, 벽 사이나 문 틈, 혹은 샤워 커튼 뒤에 숨은 아들을 찾아다니면서 술래잡기 를 하던 어린 개.

윤기 흐르는 길고 하얀 털 잔등을 바닥에 대고 비비적거리 며 뒹굴던 어린 시절의 개를 떠올리다가 나는 힘껏 고개를 저 었다. 하루빨리 저 개는 죽어야 한다. 더 이상 산 채로 썩지 말아야 한다. 그리하여 마침내 죽으면, 죽으면... 아무리 그리워도 다시는 보고 싶어 하지 말아야지. 나도 모르게 눈물이 흘렀다.

오래전부터 부동산에 내놓은 낡고 오래된 집은 팔리지 않았다. 부동산 침체가 깊어지면서 집을 보러 오는 사람이 거의 없다. 하지만 우리 집만 팔리지 않는 것이 아니므로 누구를 탓할 일은 아니다. 그래도 남편은 늘 노래를 부른다. 몸은 장애자이지만, 하우스 푸어이지만 그래도 살아 있음에 감사한다고. 낡았지만 정들고 아늑한 집에 따뜻하게 있을 수 있어서, 융자금이 집값의 삼분의 이를 넘지만 그나마 집이 있어서, 그리고 그 무엇보다 내가 옆에 있어주어서 행복하다고.

올망졸망한 화초에게 물을 줄 때는 특히나 노래가 저절로 나온다고. 어쩌면 행복은 아주 가까운 곳에 있는지도 모른다. 화분에 물을 주는 시간, 노래를 부르는 시간...

하루의 가장 긴 시간을 베란다에서 보내는 남편.
아파트 재활용 코너에서 고르고 골라 주워온 낡은 의자에 앉아, 오가는 행인을 지켜보기도 하고 나뭇잎이 떨어지는 모습을 보면서 하루를 보내는 남편은 요즘은 깊어진 가을을 생각해서인지 〈시월의 어느 멋진 날에〉로 애창곡이 바뀌었다.

오늘도 커피 한 잔을 타가지고 베란다에 갔더니 남편이 주름진 손으로 나의 손을 잡는다. 그리고 여전히 한 박자쯤 느린

템포로, 높은 음에서는 나오지 않는 목소리 대신 어깨를 으쓱하면서 역시나 그 어눌한 발음으로 노래를 불러주었다.

> 매일 너를 보고 너의 손을 잡고
> 내 곁에 있는 너를 확인해
> 네가 있는 세상 살아가는 동안
> 더 좋은 것은 없을 거야
> 시월의 어느 멋진 날에...

19도의 삶

.
.
.

　　　　　　　　　　삶이 어리둥절해지는 순간이 있다. 전
혀 예상하지 않았던 사건들이 주로 불행의 옷을 덧입고 다가
올 때 말이다. 청년의 때에는 그것들이 금세 환희와 기쁨으로
바뀔 수도 있겠지만 노년으로 접어들 즈음 맞닥뜨린다면 대개
비극으로 끝나게 되어있다. 조금씩 정리하던 인생의 상자속이
한순간에 뒤죽박죽이 되어버리는 것이다.

　　남편은 너무 일찍부터 아팠고 투병의 시간은 길었다. 지루
한 세월이었다. 그러므로 십오 년 넘게 같이 살던 개가 늙고 병
들어 죽었을 때 오히려 홀가분했다. 즐거움을 안겨주었던 개는
언제부터인가 사료 값이며 병원 치료의 부담으로 애물단지가
되어있었던 것이다.

　　연말이 되면 발걸음이 온전치 않은 남편을 앞세우고 순례

길을 떠나듯 은행으로 가서 집 담보 대출 액수를 조금씩 늘렸다. 남편은 조용히 대출 창구에 앉아 수많은 서류에 사인을 하며 가끔씩 뒤에 서 있는 나를 쳐다보았다. 이렇게 하면 되겠어? 하는 눈빛으로.

수입이 전무한 상태인 하우스푸어는 집 기둥을 조금씩 갉아먹으며 살아가는 것 같았다. 급매로 겨우 팔린 아파트 매매대금에서 집값과 버금가는 은행대출을 제하니 손에 쥐는 것은 아무 것도 없었다. 그렇게 하우스푸어의 삶은 겨우겨우 종지부를 찍었다. 이후 파산은 정해진 수순이었다. 좁은 집으로 이사해야 했으므로 한 아름의 책만 제외하고 모든 책을 넘겼다. 천 권이 넘었던 책은 폐지처럼 근수로 계산이 되었다. 좋은 책을 많이 가지고 계시네요. 책장수는 십오만 원에 삼만 원을 더 얹어주었다.

재개발을 앞둔 낡고 쇠락한 13평 아파트 일층에 월세를 얻었다. 뒤틀린 베란다 창문은 열리지 않았고 물기와 습기에 화장실 베니어판 문짝은 늘 들떠 있었고 세면대 밑 녹슨 파이프는 중간이 끊겨져 있어서 물을 틀면 발등으로 고스란히 물벼락이 떨어졌다. 낡은 보일러는 온수와 냉수를 구분하지 않고 흘려내보냈다. 붉은 페인트 낙서가 가득한 부연 유리창 너머로 희고 탐스런 목련이 피었다지는 모습이 꿈결같이 아스라했다. 정말 비현실적인 풍경이었다.

지인의 도움으로 국민임대주택 예비입주자 모집에 등록했다. 예비입주자 번호가 3번으로 가까워졌을 때 불현 듯 암 진단을 받았다. 병은 우연한 기회에 알게 되었지만 이후 몸으로 맞닥뜨려야 하는 현실은 냉혹했다. 노인의 셋 중 한 사람은 암이라잖아. 이런 말은 전혀 도움이 되지 않는데 그것이 위로의 말인 줄 아는 사람들이 많다.

　　마침내 입주 날짜를 통보받은 다음날 병원에 입원했고 암수술을 받았다. 퇴원하고 이십일 만에 새로운 아파트로 이사했다. 이사 갈 필요가 없는 국민임대 아파트 36㎡ 형. 작고 소박하지만 그곳은 천국이었다.

　　해바라기 샤워기 아래에 서면 매번 놀랐고 신기했다. 레버를 움직이는 만큼 뜨거운 물과 차가운 물이 구별되어 나온다는 것이 이렇게도 감사할 수가!

　　곰팡이 하나 없는 희고 정갈한 세면대는 더 이상 발등으로 물이 쏟아지지 않는다. 신발이 다 들어가고도 남아 모든 잡동사니까지 집어넣어도 남는 커다란 신발장.

　　시냇물이 흐르는 산책로가 있고 아직 집을 짓지 않는 택지의 잡풀이 무성한 외곽이었다. 아침에 눈을 뜨면 물안개가 피어오르는 모습까지 볼 수 있었다. 새벽 공기는 맑고 쾌적했다. 아파트 주변으로 심어놓은 갖가지 꽃들과 나무들은 계절에 따라 수많이 꽃들과 나무들이 제각기 멋을 뽐냈다. 늘 손질되어 있는 주변 잔디에는 박석이 깔려 있어서 춤추듯 걸을 수도 있다. 동마다 구비되어 있는 쓰레기처리장에는 수도꼭지가 구비되어 있어서 손을 씻을 수 있다. 동의 사이사이마다 쉼터와 벤치가 남편의 불편한 걸음걸이를 도와준다. 방사선치료를 마치고 운동을 하는 나의 지친 발걸음도 쉬어가는 곳이다. 녹음이 짙어가는 나무 아래 벤치에서 나는 행복했다.

겨울이 되자, 난방에 문제가 생긴 것을 알았다. 아무리 온도를 올려도 실내온도는 여전히 19도인 것은 한참 뒤에야 알게 된 사실이었다. 차가운 바닥을 어찌할 수 없어 보온 털양말을 신고 두툼한 실내화까지 덧신었다. 털외투를 입고 어깨를 웅크리고 커피 물을 내렸다. 영하의 날씨가 계속되자 실내는 더욱 싸늘해졌다.

나는 생각이 날 때마다 온도를 확인했다. 여전히 19도였다. 그렇게 12월이 되었다.

난방비가 전혀 나오지 않는 관리비 고지서를 보고 관리사무소에 문의를 했더니 이내 보일러공이 방문했다. 보일러공은 나의 몇 마디 설명을 채 듣기도 전에 어이없다는 표정이었다. 아니, 이렇게 늦게 연락을 하시다니! 난방 밸브가 잠겨있어서 그동안 단 한 번도 난방이 들어오지 않았다는 것이다.

맨발로 바닥을 디딜 수 없을 정도로 차가운 실내를 종종걸음 치면서도 참고 견디었던 나는 속으로 가만히 웃었다. 그것은 지난 몇 년 동안 차가움을 견디며 살았기에 그러한 추위에 이력이 났던 것인지도 모른다.

　19도의 삶을 너무 오래 살아왔지만 관리소에서 보일러공이 다녀간 이후 나의 삶에 추위는 사라졌다. 이 아파트에 사는 한, 더 이상의 추위는 없으리.

　기온이 급격히 내려갔다는 일기예보를 들으며 커피를 내린다. 넓고 정갈한 창문 너머 햇살이 나를 향해, 우리 집을 향해 쏟아져 들어오고 있다. 온 세상의 부드러움과 따뜻함과 행복을 다 담아오는 것 같다. 아모르파티(Amor fati). 네 운명을 사랑하라. 고통으로 꽉 차 있던 머릿속 어딘가에서 떠오르는 말이다. 굳이 니체의 말을 빌리지 않더라도 나는 충분히 나의 운명을 사랑한다.

무릎이 주시는 말씀

.
.
.

어둠의 골짜기를 방황하던 어느날
초인적인 힘으로 새벽에 일어나 바이블 강해를 열었다.
하지만 내가 원하던 강해자가 아니었다.
서둘러 채널을 돌렸다.
산등성에 쌓인 눈이 보였다.
산길을 걷는 발짝을 한동안 쫓다 포기했다.
'나는 지금 산길을 동행하고 싶은 것이 아니잖나!'
마음이 휑해졌다. 아, 구멍이 너무 컸다.
이 아침, 누가 나에게 위로의 말씀을 전해 줄 것인가.

무릎을 감싸 안고 커피 마시고
무릎을 감싸 안고 생각하고
무릎을 감싸 안고 기도했다.
몸의 각도를 꺾는다는 것.

무릎을 감싸 안으면 아무 곳도 갈 수 없다는 것.
휴지기처럼, 몸이 쉬는 시간을 만든다는 것.
자신의 몸을 둥글게 만다는 것.
아주 작은 몸피로 만든다는 것.
내 몸과 내 몸이 만난다는 것.
내 몸이 내 몸을 감싸 안는다는 것.

무릎에 닿은 가슴이 전하는 말을 가만히 들었다.
이름을 지우고, 해명을 지우고, 날짜를 지우고,
드디어 문자를 지웠다.
무릎을 감싸 안으면 무엇인가 지워버릴 수 있다는 것.
어느 정도는 자신을 사랑할 수 있다는 것.

...그렇구나...

무릎이 나에게 강해를 하고 있다.

돌고돌아 돌아오다

.
.
.

하나님께.

하나님. 지금 이곳까지 인도해주신 하나님을 찬양합니다. 입에 발린 말이 아니고요 진심입니다. 지금 이곳은요 KBS FM을 들을 수 있고요 누군가의 협찬품인 호도 알맹이를 우적우적 먹을 수 있고요 또 누군가의 협찬품인 커피를 한 잔 타서 마실 수 있고요 문을 꼭 닫고 글을 쓸 수 있는 나만의 방입니다.

이런 곳을 한 마디로 '천국'이라고 부른답니다. 저도 아멘 합니다.

하루를 천국에서 보낼 수 있게 해주신 하나님께 진심어린 감사의 말씀 올려드립니다.

생각해 보니 참 멀리도 돌아왔네요. 남들은 고속도로처럼 뚫린 길로 휘파람 불고 음악 들으며 에어컨 바람 짱짱한 세단으로 휙휙 잘도 달려가는데 저는 세단은커녕 이십 년 연식을 자랑하는 폐차 직전의 고물차 한 대 없이 하나님이 주신 두 발로 풀 한 포기 나지 않는 광야를 마냥 걸었더랬습니다.

걷기만 했을까요? 걸었던 시간보다는 엎어졌던 시간이 더 많은 것을 하나님도 아시고 계시잖아요. 얌전히 걸으려고 했지만 하나님께서 길목마다 버티고 계시다가 메롱, 하고 나타나셔서 제 발에 딴지를 딱 걸고 넘어뜨리신 것을 저도 눈치는 채고 있습니다.

엎어질 때는 코가 왕창 깨지는 바람에 자존심도 상했고 피를 보고(겨우 코피 나부랭이) 죽을까 봐 겁이 나 '으악' 비명도 질렀고 덕택에 뭉개진 코만큼 낮아진 마음으로 피는 똑같은 피지만 결코 비교할 수 없는 예수님의 보혈의 공로를 되새김질 하기도 했고요. 뒤로 자빠졌을 때는 뇌진탕에 약간 못 미치는 상처를 입는 바람에 공식적으로 병원에 드러눕지도 못하고 압박붕대로 머리통을 대강 감고 그렇게 걸었습니다. 참 고달팠어요 하나님.

다리도 매우 아팠고 여기저기 물집도 생겼고 모세가 인도한 40년 광야 생활과는 다르게 옷도 헤져 너덜너덜해졌고 신발도 다 닳아버려 뒤축도 없이 질질 끌고 다녀야 했습니다. 그래도 만나와 메추라기는 주셔서, 통통 볼살, 퉁퉁 뱃살을 줄여보려고 굶어본 적은 있지만 먹을 양식이 없어서 굶은 적은 없으니 그것도 참 감사할 일이네요.

근데요, 남들은 씽씽 고 하는데 지는 치도 없이, 게다가 아브라함처럼 '갈 바를 알지 못하고' 정처 없이 길을 가려니 얼마나 막막하던지 죽을 지경이었습니다. 뭔가 비전을 확실하게 보여주시면 그 맛으로 힘을 내어 갈 텐데 아무 것도 보여주시지도 않으시고 무작정 엉덩이를 힘껏 후려치면서 '가라!' 명령만 하시면 제가 어떻게 하나님의 깊은 뜻을 헤아린답니까.

하나님은 저의 믿음의 용량을 잘못 계산하신 것이 틀림없습니다. 하나님은 착오가 없으시다고 성경에 있지만 성경도 세심하게 살펴보면 약간의 뻥이 있다는 것은 알거든요.

이참에 솔직하게 고백은 해야겠습니다. 하나님께서 비전을 확실하게 보여주셨다고 하더라도 여전히 뺀질거리면서 딴청을 하고 어떻게 하면 하나님이 지시하는 곳으로 가지 않을까 했을 것이라고요. 저의 완악하고 교만하고 어리석은 심성을 저도 알만큼은 압니다. 그냥 알기만 할 뿐인 것이 바로 문제이긴 하지만, 어쨌든.

가기 싫었습니다.

가기 싫어서 중간에 주저앉아 고단한 몸을 쉬어가던 시간도 만만치 않게 많았습니다. '쉬어 간다'는 단어가 어울리지 않는 것은, 그다지 편치 않은 쉼이었기 때문입니다.

멍하니 턱을 괴고 앉아 여기가 대체 어디다냐, 지금 제대로 가고는 있는 것이냐, 하면서 보이지도 않고 대답도 하지 않는 하나님을 찾아 하늘도 쳐다보고 빡 세게 기도도 했지만 별 무소용이었던, 참 쓸쓸했던 시간이었습니다.

이정표 하나 없는 길에서 헤매기는 또 얼마나 헤맸게요!

갈림길이 나타날 때마다 손바닥에 침을 튀기면서 방향을 정하는 것도 어디 한두 번이어야지요. 나름 기도도 해보고 나름 하나님이 주신 필도 받았으므로 눈앞의 길이 어쩐지 멀쩡해 보여서 아, 이 길인갑다, 하면서 힘을 내어 가다보면 비포장도로가 등장해서 삶의 먼지를 뽀얗게 날리면서 걷기도 다반사였고요 그 비포장도로마저 끊어져 실눈을 뜨고 한참 바라보면 길 같기도 하고 아닌 것 같기도 한 애매한 두어 갈래의 발자국 흔적을 놓고 고민하다가 에라, 하면서 되돌아가기도 했고요 어느 때는 아예 길 아닌 곳도 헤매다 진창에 빠진 신발 한 짝 잃어버리고 절룩이며 걷기도 했고요.

가끔 누군가 길가에 버려둔 부서진 자전거에 의지해서 걷기도 했고요 때로는 작심하고 길이 아닌 곳을 내가 길을 내리라

하며 무모하게 길을 만들다가 가시덤불, 엉겅퀴에 긁혀 정강이에 온갖 상처만 잔뜩 만들고 다시 되돌아오기를 또 얼마나 했는지 하나님은 빤히 보고 계셨을 것입니다.

어쨌는 꽤나 파란만장하게 돌고 돌아 돌아왔습니다.

그것도 하나님의 뜻이었는지 정말 맞대면해서 여쭙고 싶습니다만 뭐, 하나님이 제 앞에 떡하니 버티고 계시기만 하셨지 과묵하셔서 별 말씀 없는 것은 알고 있으므로 바라지도 않습니다. 그냥 그러려니 합니다.

그동안 하나님 속 많이 썩혀드린 것 잘 알고 있습니다. 알고만 있습니다. 모르긴 해도 앞으로의 나날들 역시 초지일관 하나님 속을 썩혀드릴 것은 압니다.

그래도 엎어지고 미끄러지고 넘어지고 쓰러져도 하나님 앞으로 기어가는 저를 알아는 주실 거라고 생각합니다.

하나님께서 저를 사랑하시는 방법이 때로는 너무 가혹하게 느껴지기도 하고 야비하게 느껴지기도 해서 저를 속상하게 만들고 있지만 저 역시 하나님의 마음을 조금은 압니다. 내가 너를 기어이 약속의 땅으로 인도하여 낼 것인즉 암말 말고 따라오너라! 맞지요?

저에게 이루어진 모든 일들이 다 하나님이 저를 사랑하시는 방법이었다는 것도 역시 알고 있습니다. 물론 제가 어리석고 못난데다가 악이 가득하여 조금만 돌아가면 될 길을 지구 반 바퀴쯤 헛돌아 온 것 역시 압니다.

개나 주워갈 똥고집 때문에 마치 패잔병처럼 남루한 차림으로 만신창이가 되어 돌아왔지만 그래서 터득한 것도 꽤 있어요. 얻어터지면서 배운 것은 잘 잊어버리지 않잖아요.

그리하여.

하나님께서는 과연 냄새나고 더러워 아무 소용없는 상한 갈대 같은 저를 어떻게 단련시켜 정금으로 만들어 주실까 하는 기대로 새 날을 시작하려고 합니다.

가끔 글이 엇나가더라도 중심을 보시는 하나님은 저의 네이키드한 삶 속에서 형형히 빛나는 당신의 존재를 찬양 드리려는 저의 중심을 받아주실 것을 믿으니까 잘 감안하셔서 저의 투정과 호소와 애교를 미소로 받아주실 줄로 믿습니다.

혹여 도리질을 하실까봐 하나님 옷깃을 꽉 붙잡고 믿, 씁니다!! 하고 떼를 쓸 생각입니다!

그러니 하나님도 고집 그만 부리시기를!

사랑해야 할 사람

몇 년 전부터 우리 식구들은 오전 7시 반에 시작하는 1부 예배를 드렸다. 그러므로 주일 아침은 평상시보다 더 바쁠 수밖에 없었다. 제일 먼저 내가 일어나 욕실을 사용하고 남편을 깨웠다.

말을 잘 듣는 남편이 욕실 사용을 다해 갈 즈음에는 토요일 밤의 열기가 사라지지 않아 새벽에 귀가하셔서 혼수상태에 버금가는 혼미한 상태로 기절 중인 아들을 서너 번 이상 흔들어 깨워야 하는 미션이 기다리고 있었다. 어느 땐 5시 반에 귀가한 아들을 6시 반에 다시 흔들어 깨운 적도 있었다.

지금은 그래도 여름이라 그렇지 한겨울의 이른 아침은 얼마나 춥고 어두운가! 마치 새벽 두시처럼 적막한 텅 빈 도로를 달릴 때는 '새벽을 깨우리로다'는 시편 말씀이 절절하게 와

닿기도 했다.

주일 아침 5시 반. 여지없이 알람이 울렸다.

날은 이미 훤히 밝았고 비는 그쳐 있었다. 간만의 단비로 말끔해진 밖을 바라보았다. 깨끗했다.

주일을 허락하신 하나님께 감사드리고 아들 방으로 가보았더니 그곳 역시 깨끗했다. 이런! 남편과 나를 태우고 교회에가는 미션을 수행해야 할 아들이 기어이 외박을 하신 것이다. 어젯밤 늦도록 토요일 밤의 열기 속을 방황하는 아들에게 '돌아와 돌아와 맘이 곤한 이여' 하면서 몇 번이나 문자를 보냈는데도 그냥 '씹어' 버리더니 이 녀석이 기어이 일을 낸 것이다.

제일 먼저 떠오른 근심 걱정은 교육을 어떻게 시켰기에 아들이 그 모양이냐는 남편의 지청구였다. 남편은 이상하다. 아들의 행동이 마음에 들지 않으면 늘 그렇게 나를 몰아세웠다. 아니 교육은 어째서 나만 해야 하나? 아빠의 역할에 자식 교육은 들어가 있지 않나? 하는 항의를 하고 싶었지만 혈기 왕성한 남편의 혈압이 급상승할까봐 아무 말도 못하고 늘 당하고만 있는 터였다.

뇌경색으로 쓰러져 국가가 인증해준 장애 3급 장애인을 24시간 간병해야 하는 평생 간병인으로서 이건 이렇구요 저건 저렇구요 하면서 조목조목 따지고 들면 고혈압 당뇨 합병증을 안고 사는 남편이 또 쓰러지지 말란 법은 없지 않은가 말이다.

어쨌든 은혜의 단비로 거리가 깨끗해진 것은 좋은 일이지만 아들의 침내가 깨끗한 것은 오늘, 하반기의 첫날, 일주일의 첫날, 그리고 즐거운 주일 아침이 매우 껄끄럽게 진행되리라는 강력한 암시를 주는 것이었다.

휴. 나는 한숨이 절로 나왔다.

지금 저렇게 아기처럼 순진한 표정으로 잠을 자는 남편이 일어나면 그 때부터 아들의 '교육' 문제를 또 어떻게 들먹일지 안 봐도 비디오였다.

즐거운 주일 아침 시간을 고민으로 시작하게 만든 아들을 원망하면서 전화도 해보고 문자도 날리고 카톡도 해봤지만 역시 답이 없다.

7월의 첫날을 이렇게 망쳐버릴 수는 없는데 하면서 우울하게 커피를 마셨다. 블랙커피라 달콤할 리는 없겠지만 오늘따라 왜 이렇게 쓰게 느껴지는지 모르겠다.

그런데!

머리 싸매고 고민하는 순간 떠 오른, 성령이 주신 지혜! 뛰

다시피 내방으로 달려가 노트북을 열고 교회 홈피를 들어갔다. 남편은 원로 목사님의 설교를 아주 좋아했다. 제발 원로 목사님이 설교를 했으면, 하는 마음으로 오늘 날짜 주보를 검색했더니 과연 3부 예배 설교에 원로 목사님의 이름이 떡하니 올라 있는 것이 아닌가!

순식간에 근심 걱정은 사라지고 힘이 팍팍 솟은 나는 곤히 잠든 남편을 흔들어 깨웠다.

"아들 녀석은 기어이 안 들어왔네. 근데, 내가 혹시나 해서 교회 홈피 들어가 봤더니 3부 예배에는 원로 목사님이 설교 하신다네. 우리 이왕 이렇게 된 김에 천천히 3부 예배에 같이 갈까? 경전철로 환승하면 힘들지도 않을 것 같고. 어때 내 생각이?"

남편의 생각이 깊어지지 않도록 쉬지 않고 말을 하고 눈치를 살폈다. 누운 채 눈만 껌뻑이던 남편이 대답했다.

"콜!"

남편의 쿨한 콜에 천사의 날개처럼 가벼워진 나는 산책을 나섰다. 주일 아침에 산책을 나가는 것은 처음이었다. 마음이 느긋해지고 여유가 있는 아침을 주신 하나님께 감사드렸다.

집 앞의 천변으로 내려갔다. 붉은 색의 자전거 길과 폭신한 초록색의 산책길이 천변을 따라 길게 이어져 있는 멋진 산책로였다. 가물어 바닥을 드러냈던 하천은 황토색 물결이 흥겹게

넘실대고 있었다. 보기 좋았다. 팔뚝보다 큰 잉어들이 얕은 물에서 허우적거리던 모습을 보고 안타까웠는데 잉어들이 살맛이 나겠다. 주일 아침 천변의 풍경은 평화로웠다. 그 평화를 누릴 수 있게 하여 주신 하나님께 다시 감사드렸다.

귀가 닳도록 들은 설교를 다시 또 들으며 걸었다. 내가 너무도 존경하고 너무도 사랑하는 목사님의 몇 년 치 수요예배 성경공부를 되풀이해서 듣는 중이었다.

여러분 주위에는 분명 사랑해야 할 사람이 있을 것입니다. 우리는 사랑해야 할 사람을 사랑해야 합니다. 가족일 수도 있고 친척일 수도 친구일 수도 같은 교회의 교인일 수도 있습니다. 여러분에게 사랑해야 할 사람이 누구입니까?

내가 사랑하고 싶은 사람이 아니라 내가 사랑해야 할 사람이라고 목사님은 분명 말씀하셨다. 가장 가까운 곳에 있는, 너무 바짝 붙어 있어 호흡곤란까지 느끼게 만드는 남편과 아들은 가족이기 전에 남이고 이웃이었다. 목사님은 사마리아와 땅 끝은 세상의 끝이 아니라 어쩌면 바로 내 옆의 가족인지도 모른다고 말씀하셨다. 아멘.

가족이 아닌 타인에게는 나의 부족함과 결점을 감출 수 있지만 가족은 어디 그런가. 아무리 숨기려고 해도 드러나게 마련이고 아무리 속이려 해도 절대 속아 넘어가지 않는다. 내가 하나님을 어떻게 믿고 있는지 그 믿음으로 어떻게 삶을 꾸려나가고 있는지 24시간 두 눈 똑바로 뜨고 바라보는 가족에게 나는 어떤 모습으로 비춰지고 있을까. 하나님의 영광을 가리지는 않을까. 저렇게 이중적인 인간이 권사라니 하면서 손가락질 당하지는 말아야 할 것이 아닌가.

가족이면 무조건 사랑하게 되는가?

그렇지 않다는 것이 나의 결론이었다. 가장 상처를 많이 주고받는 상대가 바로 가족이 아닌가 말이다. 가장 가까운 사람이 결국 가장 나를 힘들게 하는 사람이라는 것을 누구나 느끼고 있을 것이다. 가장 가깝다고 생각하는 친구나 가장 나를 잘 안다고 생각하는 사람들에게 배신감을 느껴보지 않은 사람은 아직 세상을 제대로 살아보지 못한 사람이라고 말하고 싶을 정도다.

다만 이웃을 사랑하라는 하나님의 말씀에 순종하려고 하는 것이다. 그 이웃의 가장 가까운 곳에 자리한 가족, 나에게는 남편과 아들을 사랑하라는 명령은 나의 영원한 숙제이기도 했다. 저절로 사랑할 수 있다면 하나님도 그렇게 명령까지 하지는 않으셨으리. 사랑하라고 말하지 않아도 끔찍하게 사랑하고 아껴준다면 왜 그렇게 성경 곳곳에 입 아프게 사랑하라, 사랑하라고 말씀하셨단 말인가.

사랑해야 할 사람이기 때문이다. 힘써 노력해서 사랑해야 할 사람이 바로 가족이기 때문이다. 아들의 단점이 드러날 때마다 교육 운운하면서 나를 몰아세우는 남편을 사랑해야 하고 일주일에 딱 한 번 부모님을 위해 교회까지 차를 몰고 가는 그 미션 하나 제대로 수행하지 않고 전화 문자 가뜩 씹어비리고 행방이 묘연한 아들을 사랑해야 하는 것이다.

아멘.

천변을 대강 한 바퀴 돌고 집 바로 앞 작은 공원 구석에 있는 운동기구 위에 올랐다. 몸을 이렇게 저렇게 건들거리면서 빠른 템포의 음악을 들었다. 3, 4분에 불과한 음악 파일 몇 개가 나의 마음을 그토록 가볍게 만들 수 있다는 것에 새삼 경이로움을 느꼈다. 아무리 우울한 사람이라도 그 음악을 들으면 기분전환이 될 만큼 상쾌한 음악이었다.

노래를 들으면서 기도했다. 저 음악을 만든 사람 부른 사람 모두 복 많이 받고 좋은 곡을 계속 잘 만드시고 좋은 노래 계속 많이 불러 주세요. 그리고 예수님 믿으세요.

통큰 하나님께 보고 드립니다

·
·
·

　　　　　　　　나의 사랑하고 사랑하는 통큰 하나님께
감사와 더불어 이사 보고* 드립니다.

　오늘 드디어 소파가 도착하여 이십여 일에 걸친 이사의 대
장정이 끝났거든요.

　그동안 그렇게 소원하던 이케아 책장이 생겼습니다. 수십
년 동안 쓰던 책장은 지인이 들고 갔습니다. 덕택에 수거비용을
줄였어요. 불빛이 따스한 LED 전구를 매단 스탠드 등도 생겼
네요. 이것은 화장대 옆에 세워놓았습니다. 그곳에서 가끔 불을
켜고 변장을 합니다. 기분 진짜 좋아요. 몇 가지 소품들도 곁들
여 왔는데 소소한 기쁨이 대대한 기쁨이 되는군요.
　거실창과 안방, 그리고 작은방 창에 우드블라인드도 설치
했어요. 집 앞에 있는 명품 인테리어 대리점에서요. 오동나무

블라인드를 이렇게 저렇게 작동하면서 분위기 확 달라진 방이며 거실에서 매일 깜짝 놀라기를 되풀이합니다. 그리고 내가 좋아하는 스타일의 3인용 소파도 오늘 드디어 도착했습니다. 가죽은 아니지만 그래도 덴마크 산입니다.

뿐입니까. 밀렸던 각종 회비도 다 냈습니다. 가위 눌릴 만큼 부담이 되었는데 가슴 속이 말개졌습니다.

몇 번 식사도 거하게 했습니다. 아무 부담 없이 메뉴를 고르는데 어찌나 감격스럽던지요! 내가 좋아하는 헤이즐넛과 케냐A 원두도 주문했습니다. 내 손으로 주문하긴 또 처음이었네요. 원두를 아침마다 드륵드륵 가는 기분이라니요.

아참, 이장우 목사님 설교 잘 들으려고 블루투스 이어폰도 샀어요. 와, 바로 옆에서 말씀하시는 거 같아요... 이제 산책할 때도 지하철에서도 누워서도 아주아주 편하게 들을 수 있게 되었답니다. 이런 걸 신세계라고 하겠죠! 그 외 자잘한 수입품들을 다 열거하려면 밤이 새도 모자라니 이만 하려구요. 풋.

그동안 집 근처의 이마트도 한번 들르고 새로 문을 연 롯데슈퍼에도 두 번이나 들렀네요. 지갑 속을 걱정하지 않고 실컷 물건을 골랐는데 오만 원을 넘지 못하는 걸 보면 고생했던 몇 년 동안 내 간이 확실히 줄어들긴 줄어들었나 봅니다.

며칠 동안 '내가 사줄게, 내가 살게.' 이 말을 입에 붙이며 살았는데 계산해보니 그것 역시 소소한 금액이었네요. 아 참, 남편에게 풍성하게 뭉텅이로 용돈을 주었더니 아 글쎄 우표수

집책 뒤에 보란 듯이 일렬로 늘어놓고 매일 좋아서 들여다보고 있지 뭡니까!

어제 저녁에는 둘이 손잡고 걸어서 집 근처 식당에 가서 냉면을 먹었어요. 카운터 앞에서 남편과 내가 먼저 계산하겠다고 실랑이를 하는데 순간 웃음이...

이사하면서 우리 남편님께서 소소한 말썽도 부렸지만, 그래서 내 속을 어지간히 썩였지만, 까짓것쯤이야 하면서 넘겼어요. 내가 꿈꾸었던 스웨덴 식 거실에 떡하니 버티고 있는 저 꼴 보기 싫은 책장(남편이 이삿날 누가 버리고 간 것을 주워왔지 뭡니까!)은 하나님 대신 나에게 이렇게 말하는 것 같아요.

'네가 하는 꼬라지를 보면 딱 이 정도다. 누가 버린 책장 주워서 쓰는 수준의 삶을 살아야겠지만 내가 은혜를 베풀어서 좀 업그레이드 시켜 준 것이니라!'

아멘 했어요.

그나저나 내일 친구도 놀러오고 금요일에는 담임 목사님도 오시고, 토요일에는 우리 친구들도 들이닥칠 터인데, 그들에게 이 놀랍게 변신한 집안 풍경을 대체 어떻게 설명해야 할지 모르겠네요.

'큰집으로 이사해서 관리비 내느라 굶는 건 아닌지 몰라' 하는 걱정으로 바리바리 생필품 들고 올 터인데, 와서 이 스웨덴식 거실과 멋진 소파와 창마다 오동나무 블라인드가 쳐진 모습을 보고, 너무 예상과 빗나가서 들고 왔던 거 도로 들고 갈지도 모르겠어요.

실상을 말씀드리자면 지난주일 이사한 우리 집 첫 번째 손님인 친구 부부는 집들이 선물로 초이스 커피 한 봉지 간장 한 병 참기름 한 통 이렇게 들고 왔답니다. 우리 집 사정을 너무 잘 아는 친구라 완전 실속 만점이었죠!

어메이징 그레이스!

매일 아침 노트에 써놓은 구절이죠. 하나님, 감사합니닷! 게다가 지난 수요일에는 생각지도 못한 좋은 일이 생겨서 지금 제정신이 아닙니다. 퇴고 아르바이트 사례금이 정말 장난 아니게 많았거든요. 저는 너무 놀라 눈만 깜빡깜빡... 이 모든 것은 하나님의 선물인 것을 알긴 알겠는데요, 하나님 배포가 이렇게 크신지 첨 알았네요. 요즘도 새벽에 일어나면서 이 모든 것이 사라지지 않았는지 가슴을 졸이며 눈을 뜹니다.

하하하하하. 커다랗게 웃고 또 다시 하하하하하.
이로써 간략하나마 '이사 대박 사건'에 대한 보고를 마칩니다.

P.S. 다음 날 아침입니다....시편 읽다가 이사 보고에 너무 빠뜨린 것이 많아서 추가 보고 드립니다. 지금 앉아 있는 이케아 의자로 말할 것 같으면.... 몇 년 동안 식탁 의자를 밥 먹을 때는 식탁으로, 공부할 때는 책상 앞으로 끌고 다니면서 살았는데 드디어 럭셔리한 책상 의자가 생겼답니다! 아주 편안하고요 바퀴도 달리고 팔 받침대도 있어서 노트북 작업하기에 최고입니다.

그리고 이전 아파트에서는 현관 신발장과 마주보고 있던 (얻어온)화장대는 드디어 제 자리를 찾아 안방에 놓았네요. 그러고도 방이 어찌나 큰지 휑~합니다.

저 페르시아 카펫도 오리지널로 세탁하느라 부산 기장면까지 내려갔다 어제 도착했습니다. 완전 깨끗하게 되었어요. 저 하얀 테이블은 창가의 검정 테이블과 세트로 산 것인데 소파 앞 테이블용인 것을 아 글쎄 남편님이 빼돌려서 이상하게 배치해 놓아서 내 속을 끓이고 있습니다. 지금도 사방을 둘러보니 이 것저것 얘기할 것이 너무도 많지만 시편 읽다가 지금 내가 뭐하는 짓이람, 하면서 얼른 정신 차리고 다시 성경책을 펼칩니다.

하나님, 오늘도 저만큼 행복하시기를.

---

* 36m² 국민 임대 아파트에서 2년 여를 살다가 51m² 국민 임대 아파트로 이사하게 되면서 어느 통큰 천사의 통큰 후원으로 각종 입주 가구를 구입할 수 있었다.

세상은 온통 하나님 말씀!

.
.
.

나의 아침 산책은 약수터를 한 바퀴 도는 것으로 시작한다. 약수터는 산 초입에 있다. 그런데 미친 듯한 폭우가 온 다음날 가보니 세상에, 돌 틈의 흙이 다 떠내려가서 그야말로 험산준령 길이 되어버렸다. 뾰족한 돌 어디에도 내 작은 사이즈 운동화가 디딜 곳이 없을 정도였다. 정말이지 고 얕은 언덕길 오르내리느라 개고생했다.

그런데 그 다음날 새벽에 가보니 어머나! 그 새 흙차 몇 대 부려놓았는지 돌 사이사이 흙으로 다 메워져 있다. 재빠른 수해복구(?)에 놀라기도 했지만 번개처럼 떠오르는 하나님 말씀. 골짜기는 메워지고, 첩경은 평탄케 됨을... 눈으로 보니 정말 백문이 불여일견이었다! 이렇게 험한 골짜기가 평탄케 되듯이 하나님께서 나의 길을 평탄케 해주셨구나 하는 감격이 가슴 속에서 물결쳤다. 나는 그냥 걸었는데, 힘들지만 걸어갔는데,

기도 한번 드리지 않았는데.

약수터를 돌아 나오며 걷는 6킬로 산책 여정에는 지하도가 몇 군데 있다. 대개 들어서면 출구의 빛이 보이는 짧은 거리이지만 유독 긴 지하도가 있는데 그곳은 들어서기가 좀 꺼려지는 곳이다. 귀에는 말씀이 들리지만 말씀이 들리지 않는다. 왠지 모를 두려움이 앞서는 것이다. 저 끝에는 분명 출구가 있지만 입구에서는 출구의 환한 빛이 보이지 않으니 더욱 두렵다.

언제인가(남편과 공포영화를 본 다음 날) 입구에서 한참이나 망설이다 그냥 되돌아온 적도 있다. 어느 날은 차도를 몇 개나 건너면서 우회해서 그 지하도를 건너 뛴 적도 있다.

저 멀리 지하도가 보일 때부터 두려움이 엄습한 적도 적지 않았다. 그러므로 지하도를 지날 때면 마음을 다잡고 심호흡을 해야 했다.

그런데 며칠 전이었다. 달고 단 말씀을 듣다가 정신을 차리고 보니 내가 그 길고 어둡고 음습한 지하도를 이미 지나고 있는 것이 아닌가! 나는 어리둥절하여 내가 정말 그 지하도를 지났는지 고개를 외로 꼬고 지나온 지하도를 쳐다보기까지 했다. 분명, 지나쳤다. 나도 모르는 사이에 그냥.

…말씀이 꽉 차 있으면 그렇게 두렵던 지하도도 언제 지나쳤는지 모르게 지나치는구나.

그러면 이제까지 몇 년 동안 말씀 듣고 지나쳤던 그 때는...? 말씀으로 현실을, 세상을 이기기에는 아마도 2% 부족했었는가 보다...

이래서 나는 아침 산책을 사랑합니다. 하나님은 세상 어디에나 계시니까요.

오늘 나의 하나님은

오늘 나의 하나님은
책 속에도 계시고
시 속에도 계시고
뜨거운 커피 속에도 계시고
음악 속에도 계시고
울퉁불퉁한 내마음 속에도 계시고
달그락달그락 얼음을 넣은 냉커피 속에도 계시고
어떤 자서전 속에도 계시고
잘한 것 1도 없는 내 중심에도 계시고

놀라워라
하나님이 어디에나 계시니
부끄러워도 숨을 곳이 없구나
오늘 나의 하나님은
부끄러움 속에서 계시는 하나님

나를 다시

·
·
·

　　　아침, 시편을 읽다가 밑줄 친 부분에 가슴이 아려왔다. 아마도 무척이나 힘들 때 이 말씀을 붙잡고 위로를 받은 것 같다. 저를 재난과 불행에서 건져주신 하나님! 주님께 무한감사 드립니다.

주님께서 비록 많은 재난과 불행을
나에게 내리셨으나,
주님께서는 나를 다시 살려주시며,
땅 깊은 곳에서,
나를 다시
이끌어내어 주실 줄 믿습니다.
주님께서는 나를
전보다 더 잘되게 해주시며,
나를 다시

위로해 주실 줄을 믿습니다.

-시편 72편 20절, 21절 (표준 새번역)

같은 성경책으로 성경을 읽던 남편이 빨간 색 펜으로 A-Men이라고 써놓은 부분에 이르러서는 더욱 가슴이 울컥해진다.... 남편은 성경 곳곳에 밑줄을 긋고 그렇게 A-Men 이라고 종종 써놓았다. 밑줄 친 곳을 읽어보면 남편의 마음도 알 수 있다. 하나님. 부부가 같은 마음으로 하나님(만)을 바라고, 하나님을 사랑하게 해주셔서 감사드립니다.

하나님이 나에게 웃음을 주셨구나!

새벽의 시간을 회복하니 마음이 기뻐진다. 하나님이 노는 시간을 많이 주셔도 제대로 놀지 못했다. 어딘지 캥기는 느낌, 무엇인가 허전한 느낌, 왠지 뒷골이 땡기는 느낌이었다. 그것을 수량화 시켜서 말한다면 98%의 즐거움과 2%의 공허 정도 될 것 같다. 신나게 뛰어다닐 때는 몰랐다가 밤에 누우면 가슴 한켠이 휑해지는 경험이 그것을 증명한다.

하나님은 인간에게 완벽한 것을 주시지는 않는다. 작년 반년동안의 허랑방탕한 삶이 있었기에 새해의 새로운 이 시간도 기쁨 두 배로 다가온다. 좋다.

작년에 돈이 삼태기로 쌓여 있어서(나로서는 그랬다) 대체 어디에다 쓸지 궁리하느라 헛된 시간 많이 허비했다. 돈이 있으면 손해 볼 일이 많다는 것을 처음 깨달았다.

돈이 있으면 그것을 어디에다 쓸지 고민해야 하고, 어디에든 쓰려고 돌아다녀야 하고 누군가 만나야 하니 정신적으로나 시간적으로나 소모되는 일이 한 두 가지가 아니었다. 마치 도너츠처럼 가슴에 구멍이 뚫렸던 시간이었다.

새해, 단출한 지갑으로 출발하니 오히려 마음이 깨끗해지는 것 같다. 돈이 없으니 어디 나갈 이유도 없거니와 소비하기 위하여 (개)고생하지 않아도 되니 얼마나 좋은가 말이다! 새해에는 지갑이 풍성하기보다 마음이, 영혼이 풍성해지는 기분이다.

라이브 새벽예배에서는 역대하가 진행 중이어서 잘 읽어 나가고 있고 메시지 성경 읽기는 오늘 마가복음으로 들어갔다. 부활절까지 신약을 끝낼 생각이다. 아무래도 나는 말씀 옆에 껌 딱지처럼 찰싹 달라붙어 있어야 심신이 안정되는 것 같다.

감리교선교국에서 발행한 매일 예배서 『하늘 양식』에서도 좋은 성경 좋은 찬송 좋은 말씀으로 도배되어 있다. 표준 새번역으로 창세기부터 읽기 시작했는데 벌써 몇 번 째인지 헤아릴 수 없을 만큼 통독한 성경책이지만 읽을 때마다 새롭다.

그런데 오늘 창세기 21장에서 이런 구절을 주신다. 사라가 하나님의 깜짝 선물로 이삭을 낳은 후에 고백하는 말이다.

"하나님이 나에게 웃음을 주셨구나."

이전에 하나님께서 아들을 줄 것이라고 예언할 때도 장막 뒤에서 웃기는 웃었는데 그땐 하나님의 능력을 그야말로 개무시하고 코웃음 친 것이고 이번에는 정말 이삭을 낳아 품에 안고 보니 벌린 입이 다물어지지 않을 정도로 웃게 된 것이다. 뭐야. 나랑 똑 같잖아!

지금 나의 삶이, 나의 하루하루가, 나의 매순간을 감사하게 하시고 웃음 짓게 만드시는 하나님께 감사드린다.

그래서 이 말씀을 올해의 말씀으로 삼고, 정신머리 없이 기쁘게 웃으며 살 결심이다. 하나님의 계획이 올해 나를 어디로 이끄실지 알 수 없으므로 일단 내 맘대로 개겨 보는 것이다. 벽에 크게 써 붙여야겠다.

"하나님이 나에게 웃음을 주셨구나."

Ⅱ부.

가난한
천사

예수님의 이력서

　　　　　　내가 자서전을 쓰면 부끄러울 것 같고
누군가 나의 전기를 써준다면 더 부끄러울 것 같다.
　하지만 세상에서 잘 한 것과 잘하지 못한 것, 세상에서 명
망을 높인 것과 수치스러웠던 것, 그런 류의 수많은 이분법이
하나님 앞에서는 통하지 않는다.

　전기를 쓰기 위하여 타인의 자서전을 읽는다. 노력하고 성
공한 삶, 하나님이 함께 했다고 감사하는 마음, 화려한 이력 앞
에서 나는 생각한다.

　예수님의 이력서는 어떨까.
　오, 세상이 말하는 성공은 1도 없는
　고독하고 쓸쓸했지만
　(하나님과는) 사랑받고 사랑하는 삶이었다.

아무도 알아주지 않았지만 하나님만 생각했다.
말구유에서 태어나 십자가에서 돌아가셨지만
다 이루었다고 말씀하신 그 역설의 하나님께
나는 감사드리고 한없이 감사드리고
그리고 사랑한다.

기도하는 할머니를 둔 덕에

·

·

·

　　　　　지난 토요일 성경모임에서 이야기를 나누던 중에 (우리는 성경공부 시간이 대화가 반 정도는 된다. 매우 바람직한 성경모임이다) 목사님과 사모님께서(이렇게까지는 밝히지 말았어야 했나) 온종일 기도하시던 목사님의 할머님 이야기를 하셨다.

　　그 에피소드는 정말 감동적이었다. 그 할머님 덕분에 아마도 그 후손들이 다 잘되지 않았나, 그런 말씀을 하시기에 (잘 되었다는 것은 들을 당시에는 하나님을 아는 것이 복이라, 하는 말씀이 아니라 세상에서 말하는 잘 된 것을 의미하는 것으로 알아들었다) 내가 촉살 맞게 끼어들어 이렇게 말했다.

　　"그렇게 말씀하시면 (조상님이)기도했는데도 망한 분들이 상처 받아요"

기도하는 어르신이 계셨다는 것이 때리고 욕지거리하고 매너 없는 어르신이 계신 거 보다야 낫겠지만 그것이 공로가 되어 하나님이 '잘 되는' 은혜를 내려주셨다고는 생각하지 않는다.

마찬가지로 지금 내가 매일매일 어떻게 이렇게 신날 수가 있지? 왜 이렇게 좋은 일만 생기는 거지? 하면서 완전 천국에서 사는 것이 내가 뭔가 잘해서, 혹은 우리 조상님이 나를 위하여 열라 기도해주셔서 은혜를 주신 것은 아닐 것이라고 생각한다.

그냥, 그것은 하나님의 사랑이다.
그냥, 그것은 하나님의 뜻이다.

나의 어리석음과 나의 허물과 죄에 상관없이 하나님은 나를 구원하여 주셨고 나의 어리석음과 나의 허물과 죄에 상관없이 앞으로도 계속 나의 손을 잡아주실 것이므로 (가끔 깜짝 놀라면서 끊임없이 도발되는 나의 죄를 부끄러워할지언정) 나는 지금 천국에서 살고 있는 것이고 나는 천국 간다. (오, 이 뻔뻔함이 나의 믿음이라니!)

이 명약관화한 미래에 감사한다.

그분이 오시면

사람들은 모두 다르다. 개성이 있다고 할까? 얼굴도 다르고 지문도 다르고 음색도 다르고 생각도 다르고 취향도 다르고 꿈도 다르고 느낌도 다르고 관점도 다르고 사랑하는 사람에 대한 척도도 다르다. 그래서 사람들은 이런 저런 검사를 통해 몇 가지 유형으로 분류하는 작업을 해왔다. 혈액형으로도 나누어보고 성격테스트를 해서 성향도 나누어보고 기질도 몇 가지로 나누어보고 기타 등등.

우리는 모두 '피투성(被投性)의 존재'로 세상에 던져졌다. 내가 태어나고 싶어서 태어난 사람은 없는 것이다. 자신이 원하지 않았음에도 불구하고, 아니 원하고 자시고 할 겨를도 없이 운명처럼 세상에 던져진 존재, 사람.

사람은 태어난 곳에 따라 부모의 성향에 따라 부모에게

물려받은 핏줄에 따라 자신의 가치관을 형성하면서 자라간다. 그렇게 여러 가지 굴곡을 거쳐 이리저리 뒹굴고 헤매면서 자신의 정체성을 찾아가면서 성인이 되는 것이다.

종교인도 다 다르다. 기독교인도 모두 다르다. 다를 수밖에. 오묘하신 하나님은 이 세상에 나와 똑같은 인간은 만들지 않으셨다. 세상에 단 하나밖에 없는 인간의 존엄성이 바로 여기에 있다.

나 한 사람을 하나님은 얼마나 사랑하셨던지 구원하시려고 자신의 아들을 십자가 제물로 삼으셨다. 나의 행함과는 전혀 관계없는 전격적인 은혜의 선물이었다.

자신이 죄성을 느끼는 사람일수록 하나님의 크신 은혜를 경험하고 감격하게 마련이다. 나는 죄인이로소이다, 하는 고백 위에 하나님의 자녀가 되는 특권도 갖게 되었다. 의인은 없나니 하나도 없으며 라는 말씀을 전적으로 받아들였으므로 우리는, 혹은 나는 자신이 죄인인 것을 각성하고, 각성하면 할수록, 이 못난 죄인을 위해 죽으신 예수님의 사랑 하나님의 사랑에 감격하여 날마다 매순간마다 목이 메는 것이다.

교회는 그렇게 죄인들의 소굴이다.

죄인들의 소굴이니 얼마나 추하고 얼마나 개판일까. 너나 나나 죄인이니 아무리 속내를 감춘다고 하여도 서로를 알아보는 법. 속이 시커먼 것도 탐욕과 이기에 가득한 마음도 모두 미루어 짐작하고 있을 것이다. 왜냐? 거기서 거기니까.

아무리 훌륭해 보여도 죄인이요 보잘 것 없어도 죄인이요 잘나도 죄인이요 못나도 죄인이며, 잘 살아도 죄인이요 헐벗고 굶주려도 죄인이다.

교회에 다니는 예수쟁이들은 그러므로 참으로 한심한 자들이요, 그런 한심한 자들을 수렁에서 건져주시고 자녀 삼아주신 하나님은 뺄도 없어 보인다.

아무리 가르치고 가르쳐도 늘 딴 짓만 일삼는 죄인들, 잘못하고서도 무엇을 잘못했는지 헷갈려하는 죄인들, 아니면 죄를 짓고서도 여전히 뻔뻔하게 고개를 쳐들고 다니는 죄인들, 너나 나나 죄인인 것을 만천하가 다 아는데도 그중에서 잘난 척하느라 정신없는 죄인들도 있다.

하지만 이 죄인들에게도 좋은 점이 있다. 자신이 죄인인 것은 안다는 것이다. 자신이 죄인인 것을 깨닫지도 못하고 생을 마감하는 사람이 많은 이 세상에서 교회에 다니는 죄인들은 복 받은 자들일 것이다. 자신을 아는 것만큼 중요한 것이 있을까. 그야말로, 자신의 꼬라지를 인식하는 것 말이다. 하긴 그 초라하기 그지없는 죄인의 꼬라지를 인식하게 된 것도 전적으로 하나님의 은혜였다는 것도 깨달은 사람이라면 그 사람은 좀 생각이 있는 사람이다.

어느 한 순간 하나님의 은혜를 쇼크처럼 받아들인 사람. 모태 신앙으로 뜨뜨미지근하게(겉보기에) 살아가는 사람. 날마다 겨우 영 점 영영 일 밀리씩 자라는 사람. 앞으로 두 발짝 갔다가 뒤로 한 발짝 가기도 하고 틈만 나면 옆길로 새려고 안간힘을 쓰는 사람. 하나님 손바닥 안에 있으면서도 여전히 저쪽이 그리워 뛰쳐나가려고 갖은 애를 다 쓰는 사람. 눈에 보이는 것이 너무 좋아 눈에 보이지 않는 하나님을 종종 잃어버리고 잊어버리고 어둔 골짝을 헤매는 사람.

별별 죄인들이 교회에는 가득하다. 모두 죄인이니까 하는 짓도 죄인답게 어리석고 욕심에 눈이 멀어 정신없이 살기도 한다.

그럼에도 불구하고 하나님은 나를, 우리를 사랑하신다고 공언하셨다. 인증해주시고 인증 샷 찍어주셨고 우리가 잊어버릴까봐 성경책도 수십 수백만 권 찍어내어 눈앞에 펼쳐놓으셨다. 제발 읽던지 듣던지 해라. 아는 만큼 보이느니라.

하지만 그것도 쉬운 일은 아니다. 성경책을 수면제 정도로 여기는 사람도 있고 설교시간에 잠 마귀 쫓느라고 정작 설교는 못 듣는 사람도 있고 멍하니 앉아 지난 일을 반추하느라 설교 속에 녹아있는 하나님의 메시지를 한 마디도 접수하지 못하는 사람도 있으니까. 그것은 이렇게 생각하면 되겠다. 아직 하나님의 때가 아닌가 보다.

하지만, 우리를 은혜로 구원해주신 하나님이 또 언제인가는 우리의 영안을 확 뜨게 하여주셔서 성경책이 꿀보다 더 달다는 진실을 깨닫게 될 날이 올 것이고 슬그머니 고개를 떨구고 입신의 경지에서 헤어나지 못했던 설교시간두, 골수를 쪼개는 말씀으로 내면이 뜨듯해져서 기어이 뜨거운 눈물 몇 방울 흘리게 되는 경험을 곧 하게 될 것을 믿는다.

그러니 제발 이 죄인과 저 죄인이 째려보지는 말자는 것이다. 대체 왜 저러지? 하면서 정죄하지는 말자는 것이다. 제발 쓸데없는 것으로 작은 일에 목숨 걸지 말자는 것이다.

내 중심의 사고에서 나를 완전 죽여 버리고 예수님 중심으로 돌아가자는 것이다.

내 성향대로 남의 믿음을 재지 말자는 것이다. 더구나 믿음과 하등 관련이 없는 것들에 믿음을 대입시켜서 죄인들끼리 시험 들지 말자는 것이다.

어느 죄인이 이혼했으면 흉보지 말고 기도 한 번 더 해주고 어느 죄인이 떼돈 벌었으면 지난 비리 들추지 말고 아낌없이 축하해주고 어느 죄인이 흉악한 죄를 저질렀으면 돌로 치지 말고 그 손에 든 돌을 내려놓던지, 손에 든 그 돌로 자신의 돌짝 같은 가슴을 치자는 것이다.

우리는 일대 일로 하나님과 만났다.

일대 일로 예수님의 사랑을 경험했고 일대 일로 여전히 하나님의 사랑 속에서 인생을 살아간다. 하나님은 전지전능하셔서 각 사람에 맞는 신앙을 주셨다. 주신 분복대로 어느 죄인은 성경만 파고들기도 하고 어느 죄인은 식당에서 설거지 하면서 은혜받기도 하며 어느 죄인은 여전히 자랑을 입에 달고 다니면서 예수님을 밀어내는 습관을 버리지 못하고 어느 죄인은 남 흉보는데 달란트가 충만하여 유비통신의 발원지가 되어 교회를 들끓게 만들어 지나치게 활기(?)있게 만들기도 한다. 그렇지만 이 모든 것들이 -바울의 말에 의하면- 합력하여 선을 이룬다고 하지 않던가.

어느 죄인이 여전히 유치하게 돈 자랑 자식 자랑하면 옆에서 실컷 맞장구 쳐주자는 말이다. 어느 죄인이 어깨에 힘주고 아들 딸 고시 패스했다고 떠벌리면 진심으로 축하해주자는 말이다. 어느 죄인이 비싸고 폼 나는 옷으로 치장하고 명품 백 들고 별일도 없으면서 죄인들의 주시를 받고 싶어 죄인들 사이를 바쁘게 비집고 다니면 입에 발린 칭찬이라도 해주자는 말이다. 사촌이 땅을 사면 배가 아프다는 말은 속담에나 있는 말이라고 생각하고, 옆의 죄인이 땅을 사면 토사곽란에 시달리지 말고 축하문자라도 찍어 보내자는 것이다.

우리는 다르다. 하지만 하나님의 자녀인 것은 같다. 물론 형제끼리 가장 많이 싸우기는 하지만, 우리를 끔찍하게 사랑하는 하나님 아버지의 말씀에 순종하는 척이라도 해서 화장실에

쭈그리고 앉아 기도하는 척 하면서 욕을 한 바가지 하는 한이 있더라도 정면에서는 예수님처럼 온화하게 웃어주자는 것이다. 그것은 거룩한 습관들이기의 일환이기도 할 것이다.

시기 미움 다툼 질시, 이런 유치한 감정에 이끌려 사는 우리 죄인들에게 언제 하나님의 때가 이르러 손잡고 얼싸안고 서로를 위하여 눈물로 기도해줄 때가 이를지 우리는 알 수 없지만, 곧 그 때가 오리라고 확신한다. 그분이 오시면...

허심자복의(虛心者福矣)

虛心者福矣. 마음이 가난한 자는 복이 있느니라.

(문리역 한문성경)

마음이 가난하다는 것을 마음을 비우는 것으로 읽는다. 虛心은 下心이라고. 마음을 비우는 것은 마음을 내려놓는다는 것으로 이해된다.

우리는 흔히 마음을 비웠다고도 하고 마음을 내려놓았다고도 한다. 말은 쉽다. 하지만 가만 생각해보면 그 마음이 바로 그 사람 자신이다. 그 사람의 생각과 행동을 끌고 가는 것이 마음이지 않은가. 사람의 삶은 그 사람의 마음의 키로 진행 방향이 결정되고 그렇게 움직인다.

그런데 그 마음이라는 것이 참 묘하고 요상스럽다. 마음에는 의지도 있고 감성도 있는데 의지는 어느 정도 조절이 가능하지만 감정이나 감성은 조절의 영역을 벗어날 때가 많은 것이다.

성경에도 무릇 네 마음을 지키라는 말이 빈번하게 등장한다. 마음을 지키는 것이 얼마나 어려우면 그렇게 시시콜콜 잔소리를 늘어놓았겠는가.

하지만 어떻게 마음을 지킨단 말인가. 내 마음을 지킬 능력이 있어야 비우기도 하고 내려놓기도 할 것이 아닌가. 그것은 확언하거니와 내 수준으로 결코 이룰 수 없는 경지이다. 내 수준만 아니라 거개의 사람의 수준이 그러하다.

내 마음대로 움직이지 않는 마음을 비우거나 내려놓는다는 말이 어떻게 성립이 되는 것일까. 마음이 의지로 변할 수 있을까. 얼마나 굳은 의지를 가져야 마음이 변할까. 우리가 변할 수 있다고 생각하는 마음의 영역은 이성적인 부분일 것이다. 나의 의지를 밀고 갈 수 있을 때까지 밀고 가는 것.

하지만 감정이나 감성에 맞닥뜨리면 상황은 좀 달라진다.

수치로 환원될 수 없는 감정의 깊이와 너비와 높이가 그 사람의 삶을 (내가 생각하기에는)풍성하게 어지럽힌다.

물론, 예술은 그 혼돈과 방황과 헷갈림 속에서 향유된다.

이성으로 해결되지 않는 감성의 세계를 승화시킬 수 있는(해결할 수 있는) 분야가 있다는 것은 감사한 일이다.

마음을 종교적인 면에서 생각하면 그것은 수동태가 되어 버린다.

마음을 지키는 것이 내가 아니라, 내 안에 계시는 성령님이 지켜주시는 것이다. 성경에 이런 유명한 말씀이 있다.

...아무것도 염려하지 말고 오직 모든 일에 기도와 간구로 너희 구할 것을 감사함으로 하나님께 아뢰라 그리하면 모든 지각에 뛰어난 하나님의 평강이 그리스도 예수 안에서 너희 마음과 생각을 지키시리라...

여기에서 단서가 있다. 첫째, 아무것도 염려하지 말라고 하고, 둘째 모든 일에 기도와 간구를 하고, 셋째 감사함으로 하나님께 아뢰라는 것이다. 장애물이 또 등장했다. 첫 번째부터 마음이 껄끄러워진다. 아니, 어떻게 아무것도 염려하지 않을 수 있나! 세상에 아무것도 염려하지 않는 인간 있으면 나와 보라고 해!

결국 나는 이렇게 타협했다.

아무것도 염려하지 말라고 하셨지만 순도 100%는 포기

한다. 하지만 다른 사람들에 비해 염려하지 않겠다. 문장으로 읽으면 'I will'이 포함된 것처럼 보이지만 그렇지 않다. 여기에 나의 의지는 전혀 없다는 것을 밝혀두고 싶다.

성경말씀에 힘입어 하나님의 평강이 그리스도 예수 안에서 나의 마음과 생각을 지켜주실 것을 믿고 있고, 또 그렇게 산 경험이 있으므로 앞으로도 그렇게 살 수 있지 않을까 하는 바람이 있는 것이다.

결국 내가 스스로 할 수 있는 의지도 없을 뿐더러 내가 스스로 할 수 있는 어떤 것도 없다는 것을 나는 살아갈수록, 하나님과 교제를 하면 할수록 느끼고 있다. 그것은 축복이다.

나는 그냥 입에 추파춥스나 물고 앉아서 하나님이 나를 어떻게 하실까를 궁금해 하면서 맛있게 냠냠거리기만 하면 되는 것이다.

이 놀라운 마음 내려놓기 혹은 마음 비우기 역시 하나님의 의지로(절대 나의 의지가 아니다) 나를 일으켜 세우고 머리통을, 마음 밭을 갈아엎으시는 것이다. 이럴 때 크리스천이 하는 말, 할렐루야! 하나님을 찬양합니다!

많은 설교를 듣고 성경을 보고, 다른 크리스천들은 어떻게 사나 곁눈질도 하고 세상 사람들은 또 어떻게 살고 있나 삶

속에서 부대끼면서, 새해라서 너무도 많이 들은 '새해 복 많이 받으세요'의 그 복이라는 것이 결국은 마음이 가난한 자가 받을 수 있다는 말씀에 아멘 하는 아침이다.

　　감사한 아침이다.

목회를 접고 싶다.

．
．
．

　　　　　　　어제는 새벽 3시 넘어서까지 잠을 이루지 못했다. 나에게는 드문 일이다. 밤에 잠을 못 자다니! 그런데 정말 이상한 일이다. 그렇게 누워 있는데 나의 지난 거의 모든 일들이 더 떠올랐다. 갈 바를 알지 못하고 떠났던 아브라함의 심경이랄까? 나는 밤새 나의 일생을 다시 쓴 기분이다.

　　신 새벽에 홀로 일어나 베트남 커피를 마시면서 시 한 편을 필사했다. 성경 책은 펼치기 싫어서 건너뛰었다. 에라 모르겠다는 심정으로 편안하게 앉아 있는데 문득 책상 앞에 붙어 있는 기도 목록에 눈이 갔다. 줄줄이 많이도 써놓았다. 기도 목록 4번째 순서에 동네 개척교회 목사님이 있다. 세칭 스카이대 출신으로 대기업에 다니다가 목회를 결심하고 늦은 나이에 늦깎이 목사가 되신 분이다. 아들도 목사가 되었고 딸 역시 신학대학에 다니는 목회 패밀리다.

어제, 본 교회에 온 가족이 함께 가서 예배하고 오는 길에 모두 동네 교회 걱정을 했다. 설 명절이었던 주일에는 내가 이것저것 명절 음식을 한 접시씩 만들어 가서 단 한 분인 할머니 교인과 같이 점심을 먹었다. 특히 사모님은 반가워서 어쩔 줄 모르신다.

"오늘은 안 오실 줄 알았는데 오셔서 너무 좋았고요...그리고 부엌에서 반찬을 가져오신 쇼핑백을 발견하고.. 울컥, 했어요..." 하시는데 그 말을 듣는 내 맘이...

몇 주 전 사모님이 하염없이 슬픈 표정으로 이렇게 말했다.

"너무 힘들어서...목회를 그만 둘 생각까지 났어요..."

자그마한 상가 건물 이층의 반쪽을 분양받아(전 재산을 다 털어 넣었다고 했다) 입당한지 1년 하고 반년이 지났는데 등록 교인은 몸이 불편하신 할머니 한 분.

매일 새벽기도회를 마치면 길에 떨어진 담배 꽁초를 주우며 집으로 돌아가시는 목사님. 어느 땐 한 사람의 성도와, 어느 땐 아무도 없이 목사님 가족끼리, 어느 땐 우리 가족과 함께 매주 수요일 금요철야 주일 예배, 주일 오후 예배를 섬긴다.

교인이 있든 없든 매번 성실하게 설교 준비를 해 오시는 목사님.

깊은 산골 인적이 드문 동네도 아니고 전후좌우 아파트 숲으로 둘러싸인 개척교회인데, 그렇게도 많은 사람들이 살고 있는데, 안 온다, 개척교회에는.

우리 교회도 교인이 훅 빠진 거 같다. 바싹 당겨 앉아도 자리가 모자라 보조의자까지 준비했던 때도 있었는데. 예배낭 사득 교인이 모여 기쁨으로 찬양하고 기도할 때가 엊그제 같은데.

사람들은 이제 교회도 믿지 않고
목사님도 믿지 않고
하나님도 믿지 않고
예수님도 믿지 않는다.
교회 다니는 사람들 태반이 어떻게 하면 교회를 안갈까 그런 궁리만 하는 거 같다.
이제 교회 안에는 구원이 없다고
다들 그렇게 결론지은 모양이다.
나도 교회 가는 것이 이전처럼 가슴 뛰거나 즐겁지 않다.

기도 목록을 보고 새삼 동네 교회가 떠오른다. 명절 주일인데 김치에 북어 국만 준비할 수밖에 없었던 사모님. 내가 전부침과, 잡채와 샐러드를 만들어 가져간 것을 보고 울컥했다는 사모님을 어떻게든 위로해드리고 싶지만.

...모든 생각을 접고 책 속으로 도망간다.

개독교인의 슬픔

독서회가 개강했다. 정신과 의사 김병후의 책 『너』에 대한 독서로 오늘은 '너'에 대한 집중 탐구였다. 이런저런 대화 중 기독교인에 대한 이야기가 나오자 갑자기 분위기가 싸아 해졌다 회원 중에는 불교 신자도 있고, 무신론자도 있고, 기독교인도 있었는데 특히 기독교인은 엄청난 독설을 감수해야 했다.

교회를 다니지 않는 사람은 예수에 대하여 알 리 없고 구원이나 사랑이나 성경말씀을 모른다. 다만 기독교인을 알 뿐이다.

교회에 다니는 사람은, 으로 시작하는 그 많은 질타!

기독교인들이 절에 가서 '땅 밟기' 하는 이야기에서부터 편협하고 이기적이고 독선적인 행태에 대하여 무지막지하게 많은 예화를 들면서 쏟아내는 분노의 목소리에 나는 고통 받았다. 예수님 얼굴에 똥칠하는 기독교인, 교회라면 치를 떨게 만드는 기독교인, 신앙심이 특출하여 주위사람들을 괴롭히는 기독교인이 이 땅에 얼마나 많은지 알겠다.

제일 욕을 먹어야 할 사람은 목회자들이다.

그들이 제대로 가르치기만 했어도 목사님을 하나님처럼 떠받드는 순진무구하시고 믿음 투철하신 열성파신도들이 그렇게 개판이 되지는 않았으리!

믿음이 너무 좋으셔서 말이야, 하면서 비꼬는 독서회 회원들의 끝없는 비난을 고스란히 얻어먹으면서 나는 괴로웠다. 이를 어찌하면 좋을까. 개독교인이 되어버린 이 현실을 어찌하면 좋을까.

이제 교회에서는 십계명뿐만 아니라 세상 사람들과 더불어 살아가는 십계명이라도 따로 만들어야 하는 것은 아닐까. 매일 행동강령을 가르쳐주고 체크하는 책자라도 하나씩 나누어 주어야 하는 것은 아닐까.

오늘 독서회에서 오간 온갖 욕을 먹고 있는 우리 예수님을 생각하니 정말 눈물 난다.

예수님, 이렇게 되었습니다. 잘못된 가르침으로 잘못된 길을 가고 있는 이 땅의 교인들에게 직접 강림하셔서 일갈을 하시던지 아직도 꿈속을 헤매는 목회자들 꿈속에 나타나 혼쭐을 내시던지 제발 어떻게 해주십시오.

책을 읽고 나눈 대화에서도 타인에 대한 배려가 결론처럼 내려졌다.

다름을 인정하는 것이 행복의 근원이라고 한다. 나와 네가 다름으로 얼마나 아름다운가를 말하고 있다. 그런데 '다름'을 가장 인정하지 못하는 곳이 바로 교회라니.

똘레랑스가 존재하지 않는 곳인 교회에서, 똘레랑스가 가장 활발하게 펼쳐지는 곳이 교회가 될 때까지 내가 할 일을 해야겠다는 결심이다.

성경 읽을 시간도 없는데 무슨 책을 읽느냐는 기독교인.

교인들과 서울 중심부에 있는 종묘를 갔는데 '갈 곳이 없어서 제사 지내는 곳을 가느냐'며 대다수의 교인들이 화를 내는 바람에 일행이 뿔뿔이 흩어져 결국 들어가 가보지도 못하고 헤어졌다는 기독교인.

편협하고 무지하며 독선적이고 자기만 알고 남의 말은 절대 듣지 않는 기독교인.

남의 종교에 대한 배려는 눈 씻고 찾아봐도 찾아볼 수 없는 기독교인.

절에 가서 구원이 없는 종교라고 스님 앞에서 맞대고 욕을 하는 기독교인, 불상의 목을 자르는 기독교인. 사탄의 세력이 물러가게 해달라고 절 앞마당 땅 밟기를 하는 기독교인.

완악하고 교만하며 구원을 자신의 능력이라고 믿고, 자신의 유익을 위해서라면 평생 새벽기도를 마다하지 않는 기독교인.

인색하고 돈 밝히고 남을 돌아볼 줄 모르고 제삿날 코빼기도 안비치고 시부모 공경보다 교회에 가는 일을 우선하고 세상 명예 권세에 앞장서서 달려가면서 잘사는 것을 축복이라고, 믿음이 좋은 증거라고 생각하는 기독교인....

수많은 예화 앞에서 가슴이 멍든 회원들에게 무릎 꿇고 사죄하고 싶었다. 그들의 주위에 있는 기독교인들이 저지른 만행에 대해 석고대죄라도 하고 싶었다.그리고 무엇보다 먼저 예수님께 죄송했다.

하나님. 우리 이렇게 못나게 살고 있습니다.
죄송합니다, 예수님.
예수님 얼굴에 똥칠해서 정말 죄송합니다.

하나님의 초대, 맑게 소외된 자리

소설가 김훈은 소설 〈공무도하〉에서 이렇게 작가의 말을 썼다.

나는 나와 이 세계 사이에 얽힌 모든 관계를 혐오한다.
나는 그 관계의 윤리성과 필연성을 불신한다.
나는 맑게 소외된 자리로 가서,
거기서 새로 태어나든지 망하든지 해야 한다.
시급한 당면문제다.

지난여름의 나 역시 김훈과 마찬가지로 '시급한 당면문제'에 시달리고 있었다. 소설을 쓰는 사람들의 특징인지는 모르겠지만 가끔 그렇게 모든 관계를 혐오하고 불신하게 되는 시간이 있다. 자기 자신과, 자신을 둘러싸고 있는 모든 관계에 대하여 뒤돌아보는 시간.

그러므로 나 역시 김훈처럼 '맑게 소외된' 자리를 애타게 찾고 있었다. 생활의 테두리를 벗어난 그 어떤 곳 말이다. 그 곳에 가서 새로 태어나야 했다. 그런데 그런 곳은 대체 어디에 있는 것일까? 그러다 우연히, 신앙적으로 말하면 하나님의 도우심으로 '맑게 소외된 자리'를 찾을 수 있었다. 가평 수덕산 자락에 위치한 '순례자의 집(Pilgrim House)'이었다. 새로운 개념의 현대적인 기독교 영성센터로 아버지의 품과 같은 안식과 회복의 집이라는 설립취지가 마음에 들었다.

그리하여 일박이일 그곳으로 여행을 떠났다. 혼자만의 여행은 난생 처음이었다. 작은 가방 속에는 쪽 복음과 얄팍한 기도 책자와 노트가 들어 있었다. 시외버스와 마을버스 등 대중교통수단으로 어렵사리 도착했다. 입실 수속을 밟는데 가만 보니 나처럼 혼자 등록하는 분들이 여럿 눈에 띄었다. 배낭을 짊어진 초로의 남자 이십 대로 보이는 젊은 여성 그리고 중년의 남자.

건물 곳곳에는 '침묵'이라고 씌어 있었고 간혹 마주치는 사람들은 조용히 스쳐 지나쳤다. 인터넷으로 검색하여 대강의 분위기를 파악했던 나는 호텔 버금가는 멋진 숙소에 짐을 풀고 순례자의 집을 순례했다. 그곳에는 이렇게 적혀 있었다.

우리는 방문자 모두가 이곳에 조용한 묵상으로 머물고,
또 이곳을 떠나 실 때에는
세상을 변화시키는 순례자로 나아가실 것을 기대합니다.

가장 가고 싶었던 메디타치오 채플(Meditatio Chaple)이라 불리는 침묵기도실에 들어섰을 때는 가슴이 벅차오르지 않을 수 없었다. 크지도 작지도 않은 방은 어둑했다. 정면의 불을 밝힌 십자가와 정갈하게 놓인 방석. 푹신한 방석에는 내가 좋아하는 기도의자가 나란히 놓여있었다. 나직하게 성가곡이 들려왔고, 눈을 스르르 감게 만드는 기분 좋은 향내가 어디선지 흘러나왔다. 게다가 아무도 없었다!

무릎을 꿇고 십자가를 바라보았다. 가슴 속에서 알 수 없는 희열이 용솟음쳤고 어느 순간 나도 모르게 눈물이 흘렀다. 24시간 개방되어 있는 그곳에서 나는 인생길 고단한 영혼을 쉬게 해 주시는 하나님을 만날 수 있었다. 다음 날 퇴실 할 때까지 나는 그곳을 세 번 드나들었다.

그 날은 마침 수요일이어서 스물 몇 명의 순례자들과 자율적으로 참석할 수 있는 수요예배를 드렸다. 예배 후 그곳을 담당하는 목사님과 이야기를 나눌 기회가 있었는데 어떻게 찾아왔느냐고 신기해 하셨다. 신기하기는요, 하나님께서 인도해 주신 거죠!

그 후 두 달 동안 나는 그곳을 세 번이나 찾아갔다. 믿음의 동역자와 함께한 일박이일도 정말 은혜로웠다. 밤새도록 한숨도 자지 않고 기도하고 대화하면서 우리의 신앙을 재정립하는 좋은 기회였다. 그 친구 왈, 그곳을 가르쳐 준 것만으로도 평생 나에게 감사하겠노라는 맹세 아닌 맹세를 했다. 친구는 아직 교회 앞에서 머뭇거리는 남편과 같이 들르기도 했다. 그러던 얼마 후, 부부가 손잡고 그곳에서 일박 이일을 했다고 흥분한 목소리로 소식을 전해주었다. 그렇다. 누구에게나 가끔은 '맑게 소외된 자리'가 필요한 것이다.

광야의 남은 길을 노래하며 춤추며 가라는 하나님의 아름다운 초대였다.

이 집을 떠날 때에는
당신은 정녕 집 잃은 자가 아니오니
영원의 집을 향하는 새 힘 얻는 순례자로
광야의 남은 길을 노래하며 춤추며 가십시오.

가난한 천사

·
·
·

중학교 때부터 알고 지내던 선배는 가족과의 친분에서 시작되었다. 엄마 친구의 딸이었다. 두 집안은 거의 비슷한 시기에 몰락의 과정을 겪었다. 파산을 향해 치닫는 두 집안은 그래서 더욱 끈끈했는지 모른다.

선배는 같은 고등학교에 진학할 것을 권했다.

"장학금 받으면서 공부 할 수 있어."

하하. 선배는 공부를 아주 열심히 해서 장학금을 받았지만 나는 공부를 심각하게 멀리하는 바람에 하위권에서 서성거렸다. 장학금은커녕 때마침 눈뜬 각종 예술에 빠져드는 바람에 하마터면 유급할 뻔했다.

서울 교대에 들어간 선배가 선물한 책이 떠오른다. 레마르크의 『개선문』이었다. 덕택에 나는 칼바도스에 대한 위대한 갈증이 생겼고 나와 비슷한 성정을 지닌 주인공 조앙마두에 대해 연민을 품었고 단단하고 이성적이며 날카로운 라비크에 대해 연정을 품었다. 그런 스타일의 남자를 나는 좋아한다.

선배는 평생을 두고 내 곁을 지켜준 천사였다.

싱모 마리아(?)처럼 처녀가 애를 낳은 나를 품고 반년을 같이 살았다. 새끼 손톱만한 아이의 발을 신기한 듯 만지작거렸던 선배.

선배가 교직생활을 접고 파리로 유학을 간 십삼 년 동안 겨우 한 통의 전화를 했을 뿐이었다. 그렇게 오랜 세월이 지나 박사학위를 받고 돌아온 선배를 만났다. 파리지엔느 냄새가 물씬 풍기는 모습으로 나타난 선배는 눈이 부시게 아름다웠다. 지성으로 가득 찬, 당당한 아름다움이었다.

귀국한 후 선배와 나는 날마다 정독 도서관에서 만났다. 그곳에서 선배는 강의 준비를 하고 나는 소설을 썼다. 매일 그녀와 함께 점심을 먹고 산책을 하고 좋은 책을 교환해서 읽었다. 행복했던 시간이었다. 이름 난 몇 몇 대학을 전전하면서 연구소에서 나오는 부수입으로 가난한 나를 아낌없이 섬겼다. 옷을 사주고 책을 사주고 맛난 음식을 사주고 용돈까지 주었다.

"가족보다 더 사랑해."

선배의 고백이었다. 독신인 그녀는 많이 외로워보였지만, 실제로 참 많이 외로웠지만 바쁜 일상은 그녀를 더욱 단단하게 만들었을 것이다. 아낌없이 주는 나무는 바로 그 선배였다.

내가 등단했을 때는 나를 끌고 가서 노트북을 사주기도 했다. 뿐인가, 자신이 교류하는 모임에 나를 데리고 다니면서 환한 웃음으로 소개하기를 즐겼다.

"내가 좋아하는 후배야."
선배는 나를 늘 그렇게 소개했다. 두 살 어린 나를 단 한 번도 너라고 부르지 않았고 이름을 불렀다. 그녀의 인간에 대한 존중을 나는 존경한다.
언제인가 너무 힘들어서 선배에게 도움을 구한 적이 있었다. 그녀는 즉각 나의 구원요청을 들어주었고, 아낌없는 도움으로 위기에서 벗어날 수 있었다. 고맙다고 메일을 보냈더니 선배는 나에게 이런 답 메일을 보내왔다.

힘들고 어려울 때 나를 떠올려주어서 정말 고마워.

선배가 어떻게 사는지 여실히 보여주는 예가 있다. 성가대 반주를 하던 교회 후배가 독일로 유학을 가는데(같은 성가대에 있었다는 정도의 친분이었는데) 형편이 어려운 것을 알고 자그마치 천만 원을 쥐어준 것이다. 정말 아무 조건도 없었다. 그 때 선배는 월세에 살고 있었다. 그 말을 듣고 기가 막혀 하는 나에게 선배가 말했다.
"내가 유학을 해봐서 아는데 유학 생활은 정말 힘들거든."
오! 선배는 친분이 깊은 것도 아닌데 그리스도인의 사랑으로 그냥 베푼 것이었다.

하지만 이후 선배의 삶은 고달팠다. 이리저리 돌아다녀야 하는 강사 생활을 접고 특수학교에 취직해서 몇 년 동안 어린 학생들을 가르쳤다. 언제인가 선배가 근무하는 학교에 들른 적이 있었는데 그녀의 놀랄 만큼 지독한 책임감에 혀를 내둘러야 했다. 맡은 일에 최선을 다하는 모습 또한 아름다웠다. 그러던 그녀가 어느 날 그 학교까지 때려치웠다.

"이제는 좀 쉬고 싶어."

선배는 정말 피곤해 보였다. 남에게 베푸는데 달란트가 있던 터라 비축해 놓은 그 무엇도 없었다. 가난한 천사는 내가 성지순례를 가고 싶어 한다는 것을 알고 그 알량한 퇴직금을 아낌없이 털어 성지순례를 보내주었다.

"잘 다녀와서 좋은 글 써."

그렇게 심각하게 남만 도와주다가 '좀 쉬어야겠다'면서 일을 그만 둔 그녀는 미래에 대해 걱정하지 않는다. 그렇게 몇 년째 교회만 열심히 다니고 있다.

객관적으로, 비신앙적인 눈으로 선배를 바라본다면 계속 나락으로 떨어지는 중이다. 자기 앞가림도 못하면서 뭔 구제냐고 눈총을 받을 수도 있겠고 인력 낭비라고 할 수도 있겠고 일할 때 일만 하고 놀지 말라는 찬송가 구절에 위배되는지도 모르겠다.

하나님을 믿으면 성공해야 하고, 남들 위에 서야 하며, 뒤로 자빠져도 돈이 펑펑 쏟아지는 그런 삶을 생각한다면 그녀는 완전 망해버린 삶을 살고 있다. 처음은 미약했지만 나중은 창대하리라가 아니라 처음은 창대했지만 말할 수 없이 미약한 삶을 영위하고 있다.

그녀의 일생을 찬찬히 돌아본다. 세상적으로 말한다면 지금 너무 어리석게 사는 것이겠지만 과연 그럴까? 남의 고통을 자신의 고통으로 알고 돌보는데 천부적인 재능이 있는 그녀는 과연 잘못 산 것일까? 그녀의 진실한 기도와 물질적인 후원으로 어려운 삶을 헤쳐나간 많은 사람들에게 그녀는 무엇이었을까.

작은 예수, 천사였다고 나는 말하고 싶다.

선배의 미래를 나는 알 수 없다. 그녀를 향한 하나님의 생각이 어떠한지 그것도 나는 모르겠다. 그녀가 쉬면서 교회 일을 하는 동안 하나님이 어떻게 그녀의 삶에 역사할지 그것 역시 모르겠다, 하지만 아무 것도 없는 자 같으나 모든 것을 가진 자로써 그녀는 오늘도 살아가고 있다. 수십 년 동안 치열하게 살아온 그녀에게 쉼이 필요해서 그녀는 지금 쉬고 있는 것일 테고, 그 쉼의 시간 동안 그녀의 영혼은 더욱 맑고 밝게 빛날 것이며, 그녀의 앞날은 하나님의 도우심으로 평안이 깃들 것이라는 것은 안다.

내 옆의 작은 자에게 냉수 한 그릇을 주어도 착하고 충성된 종이라고 칭찬 듣는데 내 옆의 작은 자에게 자신의 몸을 잘라내어 보답을 바라지 않고 주는 선배를 하나님은 무엇이라고 하실까. 내 앞가림도 못해 고통당하는 나에게 선배의 삶은 많은 생각을 하게 한다.

남에게 대접받고 싶은 대로 대접하라.
네 이웃을 네 몸과 같이 사랑하라.

아, 예수님의 명령은 정말 지키기 힘들다고 나는 생각했는데 그녀는 내 눈앞에서 그것을 여실히 증명해 보여준다. 타인을 타인이라고 생각하지 않고 너와 나의 경계를 허물어버린 선배를 위하여 오늘도 기도하고 있다. 그리고 결심한다.

나도 누군가에게 천사가 되게 하여 주십시오.

절, 교회, 성당

　　　　　　　　얼마 전에는 일주일 동안 성당, 절, 교회를 모두 들락거린 적이 있었다. 나름 흥미로운 경험이었다.

　"제가요 어제 담배가 떨어져서 편의점에 갔거든요. 그런데 5,000원이 남아서, 국익에 보탬이 되고자 로또를 샀지요. 미사 전에는 절대 확인하지 않겠다고 다짐했는데도 너무 궁금해서 좀 전에 번호를 확인하고 말았지 뭡니까... 어떻게 되었겠습니까? 다 떨어졌더라구요..."

　집에서 100미터 전방에 있는 동네 성당에 가서 미사를 드리는데 5분도 채 되지 않는 짧은 강론의 서두를 신부님은 그렇게 시작했다. 경건하게 미사포을 쓴 여신도를 비롯한 미사 참석자 역시 모두 웃음을 터뜨렸음은 물론이다.

여름 들어 더위를 핑계 삼아 24킬로 떨어진 모 교회를 살짝 외면하고 100미터 전방에 위치한 '성당'이라는 -남이라면 남이고, 엄밀하게 따지고 보면 남은 아닌, 그렇다고 친구도 아니지만 상당히 가깝기는 한, 하지만 몇 몇 개신교도들은 이단이라고 매도하기도 하는- 색다른 종교행사에 서너 번 참석한 바에 의하면, 예배의 형식은 매우 경건하되 신부들의 강론은 그다지 엄숙하지 않는 것을 느낄 수 있었다.

오히려 개신교의 설교보다 더욱 실생활에 부각이 되는 것 같았다. 지금 살고 있는 현실에서 적용될 수 없는 말씀을 뜬구름 잡는 것처럼 허황되게 강요하기도 하는 개신교의 설교보다 훨씬 가슴에 와 닿는다.

잘 알지도 못하면서 가톨릭은 신부들에 대해 너무 경외감을 갖게 하는 것은 아닐까 하고 의심했던 것이 미안했다. 소도시여서인지 몰라도 신부님들은 대개 젊었고 쾌활했고 솔직했고 유머가 많았다. 머릿속에 그려져 있던 경건 일습의 신부 이미지와도 많이 달랐다.

언제인가 월드컵으로 세계가 시끌시끌했던 주일, 또 100미터 전방의 동네 성당에 갔더니 강대상 앞에 선 신부님의 강론 서두는 이러했다.

"어제 밤늦게 청년들과 호프집에 모여서 밤새도록 축구

보고 노는데 아, 글쎄 어느새 날이 밝더라고요... 시간이 그렇게 갔는지 모를 정도로 유쾌한 시간이었습니다. 지금 정신이 그다지 맑지 않아서 고민입니다~~ 오늘 정신 바짝 차리고 미사를 무사히 잘 집전해야 하는데 그것이 매우 걱정입니다~~"

그러니까 신부님께서는 경건한 주일 새벽까지 성당의 젊은이들과 호프집에서 음주가무를 즐기시면서 날밤이 새도록 유쾌 상쾌 통쾌한 시간을 가지셨다는 말씀이었다. 더 재미있었던 것은 그 고백 아닌 고백을 듣는 신도들 모두 유쾌 상쾌 통쾌하게 웃음을 터뜨렸다는 것. 신부님이 어쩌면 저럴 수가 있어! 하는 정죄가 섞인 비난은 없었다. 오히려 인간다운 면이 솔직하게 부각이 되는 모습이었다.

죄 많이 지은 여러분은 앞으로 이렇게 사시오, 하는 명령 투가 아니라, 우리 한 번 생각해 봅시다 하는 투의 화두를 알게 모르게 던져놓고 길게는 십분 짧게는 5분 이내에 강론을 끝내는 신부님이 그렇게 멋져 보일 수가!

타 종교에 대해서도 그다지 배타적인 면이 없었다. 나는 그것이 정말 마음에 들었다. 어느 날 신부님은 강론 중에 이런 말씀도 하셨다.

"정말 충격적인 결과를 알려드립니다. 개신교인들은 교회에서 교육을 잘 받아서인지 구원의 확신이 아주 뚜렷합니다.

하지만 천주교인들은 그냥 성당에 나오면 마음이 편안해져서 좋다, 그렇게 말합니다. 마음이 편안하다...? 좋은 말이기는 하지만 그렇게만 생각한다면 정말 큰일이지요. 그런데 여러분들은 그다지 충격적이지 않으신가 봅니다?"

개신교의 예배 설교 중에서도 가톨릭에 대하여 좋은 점과 부러운 점 본받아야 할 점을 나열하시는 목사님이 계셨으면 좋겠다. 그렇다고 개신교가 질이 떨어지나? 오히려 끔찍한 배타주의에 염증을 느낀 많은 교인들이 넓은 아량에 감동받아 더욱 교회를 사랑하게 되지 않을까.

지난 주일에도 매우 존경하고 좋아하는 목사님의 9시 예배 실황 중계를 인터넷으로 함께 참여하고, 말로 형언할 수 없을 정도로 은혜 받았다. 그 교회가 그토록 멀리 떨어져 있지 않다면 가끔 참석해도 좋으련만 두 시간은 족히 걸리는 거리에 있었다. 어쩌면 그것은 주님의 뜻인지도 모르겠다. 너는 그냥 네가 사랑하는 교회나 열심히 다니거라 하시는 하나님이 느껴졌다. 넵! 제가 뭐라고 했나요. 저는요 교회를 옮긴다는 생각는 해본 적은 없어요. 그런데요 가끔 성당에는 들락거리고 싶어요.
그렇게 감격적인 예배 후에도 벌렁거리는 가슴을 주체할 수 없어 집안에서 우왕좌왕하다가 다시 100미터 전방의 근처 성당으로 가서 11시 미사를 드렸다. 역시나 매우 좋았다!

좋은 점이 많아서 샘이 날 정도였던 미사. 그 중에서도 좋았던 것은 큰 기도였다. 다문화가정을 위한 기도 나라를 위한 기도 세계의 평화를 위한 기도 감옥에 있는 이들을 위한 기도 젊은이들을 위한 기도 독거노인을 위한 기도... 적어도 예배 형식에서는 나의 욕심을 채우기 위한 기복신앙은 볼 수 없었다.

신부의 주관이 섞이지 않은 강론은 최고였다. 그냥 말씀만 전할 뿐이었다. 강론 속에 그 잘난 학식이나 지성이나 가르치려는 영성이나 위에서 아래로 내리 까는 듯한 훈계 따윈 없었다.

그 며칠 후였다. 초하루기도회를 간다는 불심 깊은 친구를 따라 집 근처에 있는 봉선사를 갔다. 봉선사에는 한 여름 연꽃이 피면 장관을 이루는 커다란 연못이 있는데 산책길을 아주 잘 만들어 놓아서 가끔 와서 걷고는 한다.

연못 가에는 국수와 부침개가 맛있는 찻집도 있고, 절에서도 저렴한 비용으로 차를 마실 수 있는 찻집을 운영하고 있다. 차를 내오는 분이 어찌나 상냥하고 자애로운 웃음으로 맞아 주는지 조금만 더 앉아 있다가는 개종할 것 같은 예감이 들어(^^) 오래 앉아 있지는 않는다. 도서관 강좌를 듣는 회원 중에는 불교도가 꽤 있어서 가끔 그 실비 찻집에 들러 서비스로 주는 강냉이도 먹고, 아주 진하고 맛있는 대추차도 마시면서 은은한 향내에 취해 있기도 했다.

실은 우리 교회에도 초하루기도회가 있다. 뉘앙스가 불교 냄새가 나는 것이 흠이기는 하지만. 초하루헌금 봉투까지 만들어 소원기도를 적어 내라는 말에 질색하는 우리 남편은 아직도 시험에서 못 빠져나온 상태이기는 하지만.

나는 순종하는 마음으로 될 수 있으면 참석하려고 하고, 몇 번 참석했다. 지성이면 감천이라는, 유불선적인 종교 마인드를 개신교에도 끌어들이는 것 같아 영 마뜩찮기는 하지만, 그래도 어쩔 것인가. 담임목사님이 주장하는 좋은 점만 생각하려고 애쓰면서 마음을 비웠더니 은혜 받는 시간이 되기도 했다.

독실한 불교도 친구는 절에서 운영하는 매점에 들러 커다란 초와 쌀 한 자루를 샀다. 풍족하게 사는 친구는 시주 돈도 빵빵하게 준비했을 것이다. 종교 판은(이렇게 말해서 좀 죄송스럽기는 하다) 어디서나 그렇게 무엇인가 바치고 드리고 정성으로 올려드려야 직성이 풀리나 보다. 예수님 시대 성전에서 비둘기 사고 동전 바꾸고 하는 모습이 저절로 떠올라 웃음이 났다.

절 입구에는 성당의 감실처럼 초를 켜놓은 작은 가마 같은 것이 있었는데, 작은 문을 여니 그 안에 온갖 초들이 가득 켜져 있었다. 불빛이 일렁이는 모습이 참 아름답다고 느꼈다. 초에는 이름도 적혀있고, 소원 내용도 적혀있다.

친구는 '기와 시주'도 했다.

기와 시주란 기와 한 장을 만원에 사서 그 기왓장에 화이트 펜으로 자신의 소원을 적어 올리는 것이다. 친구는 자신을 위해서가 아니라 요즘 여러 고민으로 고통을 겪고 있는 무신론자 친구를 대신해서 기와 시주를 했다. 그녀가 정성으로 이름을 적는 동안 나는 켜켜이 쌓여 있는 기와에 적힌 글들을 읽었다.

거의 모든 소원은 건강, 합격, 승진 등이었는데 유독 눈에 뜨이는 내용이 있었다.

국현아.
고통 없고 평온한 부처님 안에서 극락왕생 하기를 축원한다.
- 봉선사에서 아빠가.

콧등이 시큰해지며 울컥 눈물이 솟았다. 나도 모르게 두 손을 모으며 기도했다. 그러고도 발길을 돌릴 수 없어 한 동안 글귀를 되뇌였다.

친구가 법당에서 예불을 드리는 동안 괜시리 이곳저곳을 서성거리는데 보니, 한 무리의 신도들이 모여 회의를 하고 있다. 미얀마 성지 순례팀이었다. 아! 그렇구나. 미얀마는 불교의 성지였지! 그들의 여행 일정을 곁눈질하며 우리 교회 여름 행사인 미얀마 단기 선교를 떠올렸다.

사실, 8월 초에 미얀마로 선교여행을 떠나는 우리 교회 해외 선교팀과 함께 취재팀으로 합류할 생각이 있었다. 우리 교회는 동남아 해외 선교를 이십 년 넘게 해왔는데 한 번쯤은 직접 참여하여 몸으로 마음으로 느끼고 싶었던 것이다. 해외 선교를 가기 전에 그토록 부정적이었던 교인들이 막상 선교여행을 다녀온 뒤로는 거의 미친 듯이, 목숨 걸고 선교에 몰입하는 모습을 심심찮게 보아왔다. 도대체 무엇을 보았길래, 어떤 것을 느꼈길래, 성령님의 역사하심을 얼마나 강력하게 체험했길래!

나는 정말 궁금했고 직접 내 눈으로 확인하고 싶었다.

그렇게 미얀마를 갈까 말까 망설이던 차였던 터라 봉선사에서 만난 성지 순례 팀은 두 종교의 각기 다른 방향의 여행에 대해 생각할 수 있는 기회가 되었다. (서사 주 : 그 얼마 후 미얀마 단기 선교에 가게 되었고, 이후 4년 동안 매해 빠심없이 미얀마 난기선교에 일원으로 참석하고 있다. 받은 은혜는 말로 다 형용 못하리.)

불심 깊은 할머니의 영향으로, 또 종교의 자유를 확실하게 보장해 주셨던 부모님의 영향으로 나는 종교에 대한 편견이 없는 편이다. 어렸을 때는 할머니의 손을 잡고 절에 가서 살았다. 나는 향냄새를 좋아하고 절을 하는 것도 좋아하고 그리고 절밥은 말할 수 없을 정도로 좋아한다. 특히 마늘이 들어가지 않은 반찬들은 정말 맛깔스러운데 그 중 제일 좋아하는 것은 튀각이었다. 다시마를 기름에 튀겨서 설탕을 솔솔 뿌려놓은 튀각 때문에 나는 할머니에게 절에 빨리 가자고 조르기도 했다. 그 영향이었을까? 다른 개신교인들은 절에 가는 것을 지극히 꺼려하는데 나는 풍경 소리도 좋아하고 법고를 두드리는 소리도 목탁 소리도 무척 좋아한다.

언제인가 문인들과 문학기행을 가면서 강화도 보문사에 들렀을 때, 장내 방송으로 읊어주는 독경 소리가 하도 좋아서 넋을 놓고 듣다가 그만 일행을 놓친 적도 있다. 나에게 그것은 종교라기보다는 불교문화로 다가오는 것 같다. 절에서도 미얀마를 가고 교회에서도 미얀마를 가는데 목적은 전혀 달랐다는 것이 참 아이러니했다.

염려되는 부분이 없는 것은 아니다. 어느 종교든 겉에서 보면 그럴 듯하지만 깊게 알수록 정나미가 떨어지는 일이 수두룩하다는 점. 종교 자체는 흠이 없지만 종교를 믿는 인간들의 흠 때문에 얼룩이 심하게 생긴다는 점. 어디서나 인간들이 물을 흐려 놓는 거니까. 신부도 인간적이고 신도들도 인간이기에. 나는 인간의 그 약함을 이해하고 사랑한다. 그러니까 인간이잖아 하면서 괜찮다고 말해주고 싶다.

생각 같아서는 매주 교회만 가는 게 아니라 한 달에 한 번 정도는 성당에 가서 미사 드리고 싶은데 그건 안 될까? 저녁 산책으로는 연꽃이 흐드러지게 핀 봉선사 연못가나 보광사 법당 근처를 어슬렁거리고 말이다.

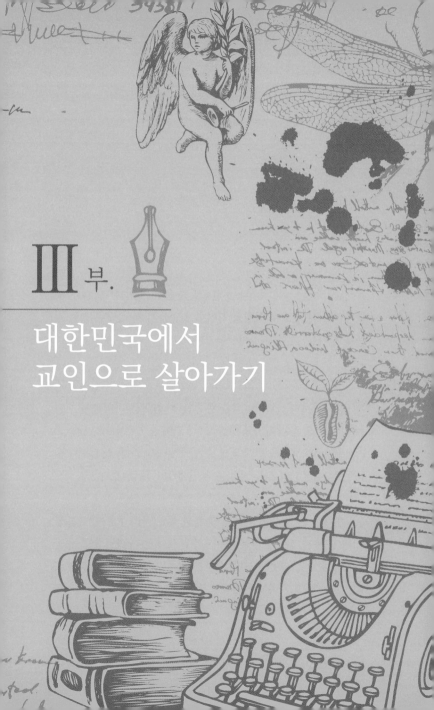

Ⅲ부.

대한민국에서
교인으로 살아가기

슬픈 설교

나는 설교말씀 듣는 것이 취미이다. 인터넷 라이브 설교로 하루를 시작하고 잠들기 전 설교문 읽는 것으로 끝나는, 대단한 취미생활이다.

설교자들은 하나님의 말씀을 전한다는 공통점이 있지만 많은 점이 다르다. 그 다양성을 존중한다. 설교는 다양해야 한다는 것이 나의 생각이기도 하다. 그런 면에서 인터넷이 발달하고 기독교 관련 서적을 쉽게 접할 수 있게 된 요즈음은 설교자나 설교를 듣는 신앙인 모두 새로운 국면에 접어든 것 같다.

평생을 한 교회에 다니며 몇 분의 설교(나의 경우 한 교회를 40년 넘게 다녔는데 담임목사는 겨우 서너 번 바뀌었다)를 들을 수밖에 없었던 시절은 갔다. 요즘은 기독교 채널도 많고 교회 홈피를 클릭하면 안방에서 은혜받을 수 있다. 기독교 관련 서적은 또 얼마나 많은가. 이 넘치는 은혜의 정보망을 잘 활용하면 편협하지 않은 믿음을 갖게 될 것이다.

나 역시 한국 기독교계에서 존경받는 몇몇 목회자의 설교를 즐겨찾기로 듣고 있다. 설교를 들으면서 느끼는 점이 많다. 자신의 믿음의 역량대로, 아는 만큼, 신앙의 깊이만큼 설교하므로 참으로 다양한 접근 방식이 사용되는 것을 알 수 있었다. 그러다보니 소위 성향이라는 것도 작용되게 마련이어서 자신에게 가장 어필되고 감동을 주는 설교자를 찾게 마련이다.

한국의 목회자 중에도 특히 주목받고 있는 분들의 설교이니 나름대로 특색도 있고 주장도 강하다. 목회자들은 좀 껄끄러운 부분이겠지만 솔직하게 말한다면 듣는 분들은 성적표를 매기고 있을 것이다. 예전과 달리 고학력이 대부분인 교인들이어서 세칭 귀만 커지고 있는지도 모르지만 목사님 말씀이 바로 하나님 말씀으로 믿고 순진하게 순종하던 지난 시대의 교인들은 아니라는 사실은 누구나 인식하고 있을 것이다.

현재 한국 교회는 경계선상에 있는 것 같다. 우리 교회만 보더라도 그렇다.

무조건 아멘 하는 믿음으로 평생을 살아오신 원로 교인들이 있는가 하면, 수많은 신학적인 정보와 타 교회 목회자와의 비교, 그리고 자신이 추구하는 신앙 등급(?)에 따라 조목조목 목회자의 설교를 따지고 드는 교인도 늘어나고 있다. 잘못된 길로 가고 있는 것은 알지만 은혜로 넘어가고 싶어 하는 분들도 적지 않고, 치열한 신학 논쟁을 쓸데없는, 그리고 잘못된 신앙의 형태라고 비난하는 분들도 계시다. 참 다양하신 분들이 구성원으로 있는 교회니 목회자들은 힘들기도 할 것이다.

하지만 개독교로 비난받고 있고 비난받아 마땅한 비리가 충만(?)한 교회에서 자정능력이 있는지 의심스러운 마당에 소수의 비판의 목소리를 죄악시하는 모습은 그다지 보기 좋지 않다는 것이 나의 생각이다.

새해를 맞아 우리 교회 〈신년축복 성회〉 설교를 영상으로 보며 가슴이 아팠다. 참 슬픈 설교였다.

목사님*이 가장 많이 사용한 단어는 '교회에서 얼마나 많은 사람들이'였다. 요지는 이렇다. 교회에 수십 년 다녀도, 장로, 권사에게도 진정한 믿음을 찾아보기 어렵다는 것이다. 교회에서 얼마나 많은 사람들이 가짜 믿음을 가지고 있는지! 목사님의 어투로 보아 전부 그렇다고 말하고 싶은데 참고 있는 것 같았다.

목사님의 말씀대로(호통대로) 교회에 다니면서도 가짜 믿음 헛된 믿음을 가진 사람이 교회에 그토록 많다면 왜 그렇게 되었는가에 대하여 생각해 보지는 않으셨는지.

어떻게 설교하셨기에 수십 년 동안 설교를 들은 교인들이 하나님이 원하는 방향으로 변화하는 성화의 삶을 살지 못하고 목사님 지적처럼 그야말로 완전 엉터리로 교회를 다니게 되었는지, 그런 생각은 하시는지 궁금하다.

적지 않은 기간 동안 그렇게 잘 가르쳤는데 교인들의 아다마(죄송)가 영 아니어서 그토록 못 알아듣고 하라는 대로 하지 않고 믿음의 반대편으로만 가고 있다는 말인가.

은혜로 구원하여 주신 예수님의 능력이 쪼그라들어서 성령님이 교인들에게 역사하지 않는단 말인가. 목사님이 그토록 많은 설교를 하셨을 그 때, 성령님이 역사하지 않았단 말인가.

'수십 년 교회 다닌 사람들'에 대하여 운운하실 때 좋은 말씀 하는 소리를 들은 적이 거의 없다. 아예 한 번도 없었다고 단정해서 말하고 싶은 생각이 굴뚝같지만 참는다.

구원 받으면 그 자리에서 확 변하는가? 과연 그런가?

완전 새사람이 되어서 그 후로는 죄도 짓지 않고 맑고 밝고 유쾌하게 살아가는가? 매일 즐겁고 기뻐서 두 손 높이 들고 찬양만 하면서 살게 되는가?

정말 그렇다면 어찌하여 사도 바울은 로마서에서 오호라 곤고한 자로다, 하면서 탄식하였단 말인가. 사도 바울은 멍청이어서 구원받았으면서도 마음으로는 하나님의 법을 섬기고 육신으로는 죄의 법을 섬긴다고 고백했더란 말인가.

오늘도 신년 성회 세 번 째 설교 말씀을 열심히 들었다. 들으면서 마음이 참 슬펐다. 여전히 목사님은 추운 겨울 밤에 신년의 휴일을 반납하고 교회에 모인 착한 교인들을 향하여 종주먹을 들이대면서(나에게는 그렇게 느껴졌다) 아무리 교회 오래 다녀도, 장로면 뭘 합니다, 권사면 뭘 합니까, 교회에 많은 사람들이 거짓믿음을 가지고 있으니 이를 어떡합니까, 하면서 절규에 가까운 설교를 하셨다.

가장 압권은 어느 유명한 목사님 말씀의 인용이었다. 깊은 병에 걸린 사람에게 감사헌금을 하면서 그 감사의 내용을 〈낫게 하여 주십시오〉라고 쓰지 말고 〈낫게 해 주신 것을 감사 합니다〉라고 쓰라고 했다는 말에 나는 소름이 끼쳤다.

그것이 과연 믿음인가? 그 사람이 믿은 것은 하나님인가, 하나님의 능력인가. 매순간 하나님이 함께 하심을 믿는 그리스도인이라면 깊은 병의 고통 중에서도 하나님의 뜻이 어디에 있는가를 물어야 할 것이지 하나님께 무당 대하듯 매달려 무조건 낫게 해주실 것을 믿고 미리 감사드리오니 내 감사헌금의 용도를 꼭 기억하여 주셔야 할 겁니다! 하고 협박하는 것이 믿음인가?

생사화복을 주관하시는 하나님의 권리(주권)를 완전 침해하는 모욕적인 행동이 아닌가. 적어도 성경 말씀처럼 나의 믿음 없음을 불쌍히 여기소서, 하면서 하나님의 자비와 긍휼을 간구해야 하지 않는가? 혹시 그 환자는 절에 가서도 똑같이 하라고 하면 그대로 따라하는 그런 믿음은 아닐까.

나를 사랑한다고 믿는 그 하나님이 나에게 그런 병을 통하여 무슨 일을 이루실지 내가 어떻게 안단 말인가. 헌금하면서 낫게 해달라고, 다 나을 것을 믿는다고 '쌩떼'를 쓰면 하나님께서 들어주시는가? 쌩떼를 쓴다고 하나님이 들어주신다면 그분은 전지전능한 하나님이 맞는가? 쌩떼에 맛을 들인 그리스도인들이 쌩떼로 점철된 인생을 살아가기를 하나님은 바라시는 것인가?

왜 그 자리에서 예수님처럼 '내 잔을 거두어 가십시오'라고 말했다가 '내 뜻대로 마옵시고 하나님 뜻대로 하옵소서'의 자리까지 가지 못하는가.

기적을 바라게 하는 신앙은 올바르지 않다는 것이 나의 생각이다.

가장 큰 기적은 내가 하나님을 사랑하게 되었다는 바로 그것이 아니던가. 죽을병에서 낫고 부도난 회사가 회생하고 관광버스가 추락했는데 하나님 믿는 사람만 살아났다고 하는 것이 과연 기적인가.

잘 되는 것만 기적인가.

아프고 병들어도, 가족은 제멋대로이고 되는 일이 하나도 없는데도 하나님을 바라보면서 평안과 위로를 누리고 그 사랑에 감격해 하는 것이 진정한 기적이 아닌가. 세상 사람들은 죽는 것이 더 낫겠다고 생각할만한 끔찍한 상황이 닥쳐도 하나님의 은혜를 감사하고 찬양하는 삶을 사는 게 더 기적이 아닌가.

지금 내가 약간의 분노를 가지고 이 글을 쓰는 것을 이해하기 바란다.

하나님과 동행하면 무엇이 좋고 어떻고를 떠나서 우리는 이미 하나님과 동행하고 있다는 것을 믿게 하여야 할 것이 우선 아닌가. 하나님의 존재 자체만으로도 충분하다고, 하나님을 마음속에 품으면 초막이나 궁궐이나 하늘나라라고.

소유의 많고 적음에 관계없이 성공과 실패에 관계없이 결국에는 삶과 죽음까지도 초월할 수 있는, 영생을 기뻐하는 성숙된 믿음을 말해야 하지 않은가.

내 옆에 과연 하나님이 계실까, 내 손을 잡고 계시기는 한 것인가, 하고 회의하는 많은 사람들에게 이미 하나님이 당신의 손을 꽉 잡아 구원해 주셨고 당신이 하나님 손을 놓아도 하나님은 절대 당신의 손을 놓지 않는다고 위로해 주면 어디가 덧나는가.

나의, 괴롭고도 감당하기 힘든 죄가 가득한 이 마음에도 하나님이 계셔서 '마땅히 빌 바를 알지 못해도' 성령님이 친히 우리를 위해 간구하고 계시다는 그 위로의 말씀은 어디로 가버렸단 말인가.

정말 그 설교를 듣는데 내가 뛰어가서 설교 끝에 마이크를 잡고 싶었다. 처음부터 끝까지 소리 지르면서 야단만 치시는 목사님의 호통에 기가 죽어 교회당을 나서는 분들에게 외치고 싶었다.

하나님은 당신을 너무도 사랑하신답니다. 그윽한 눈빛으로 잠잠히 바라보신답니다. 당신을 보고 기쁨을 이기지 못하신답니다!

---

* 슬픈 설교를 하셨던 목사님은 이후 다른 교회로 전임하셨는데 그 교회 교인들과 풍성한 은혜를 누리고 있다는 후문이다.

하나님의 트렁크

하나님은 신비한 트렁크를 가지고 계시다. 그 트렁크는 아무나 쉽게 열 수 없도록 비밀번호가 설정되어 있는데 어느 순간 하나님의 은혜로 비밀번호를 알게 하시고, 트렁크를 열게 해주시고, 그 트렁크 안에 있는 보물을 볼 수 있게 해 주신다.

나도 얼마 전 하나님의 신비한 트렁크를 열어 볼 수 있었다. 비밀번호도 모르던 나에게 부어주신 하나님의 은혜였다. 이 글은 놀라운 비밀번호에 대한 이야기다.

교회 근처 음식점에서 성지순례 책 발간 축하 모임이 있었다. 책은 훌륭했다. 성지순례기라고 경건하고 은혜로운 글만 가득할 것 같지만 천만의 말씀. 읽는 분들을 배꼽 쥐게 만들만큼 재미있고 맛깔 나는 글로 가득 차 있었다. 거룩함을 겉으로 드러내지 않고 속내 깊은 거룩한 이야기들이 꽉 차있는 책이었다고나 할까.

열일곱 분의 순례자들과 함께 한 열이틀 간의 그리스 터키 순례여행이었다. 내 인생에서 가장 힘들었던 시기였는데 순례여행에 함께 할 수 있었음은 주님이 주신 축복이었다.

여행 후 석 달 만에 순례자들과 다시 함께 하니 여행의 순간들이 오롯이 살아났다. 마치 그리스 해변의 어느 레스토랑에 앉아 있는 것처럼. 우리는 서로 반갑게 손을 잡고 도저히 잊을 수 없는 여러 해프닝을 떠올리며 웃음바다가 되었다.

예배 시간이 달라 그동안 자주 뵙지 못했던 분들을 만나니 너무도 반가웠다. 그 중에서도 가장 반가웠던 사람은 바로 가이드였다.

출국 직전 공항에서 처음으로 만난, 여행사측에서 파견한 가이드는 당연히 우리 교회 교인이 아니었다. 그런데 놀랍게도 이 모임에 함께 하고 있는 것이었다!

가이드는 하나님의 트렁크에서 마술처럼 튀어나온 보물이었다. 그 보물이 어떻게 해서 그 자리에 함께 있게 되었는지 알 수 없었던 나는 그날에야 비로소 그 비밀번호를 알게 되었다.

인천공항 출국 심사 때부터 함께 했던 가이드는 마흔 한 살의 노총각으로 진지해 보이고 말이 없는 남자였다. 가이드는 온종일 순례단을 그림자처럼 따라다니고 인도했을 뿐만 아니라 순례를 마치면 일일이 방을 노크해서 개인의 애로점들을 체크하고 까다로운 기구의 사용방법을 세밀하게 가르쳐주고 때로는 해결사 노릇까지 도맡아했다.

나를 곤경에서 구해준 사람도 바로 가이드였다.

터키를 거쳐 그리스에 도착한 첫 날 아침, 황당한 일이 닥쳤다. 그동안 멀쩡했던 트렁크가 갑자기 열리지 않는 것이었다. 별별 방법을 다 동원해 보았지만 트렁크는 무슨 큰 비밀이라도 가득 담겨 있는 듯 입을 꾹 다물고 꼼짝하지 않았다. 비밀번호를 설정해 놓지도 않았는데 이게 대체 무슨 일이지?

속수무책이었던 나는 한참 끙끙거리다가 결국 가이드에게 도움을 요청했다. 하지만 별 희망을 갖지는 않았다. 나도 모르는 비밀번호를 가이드가 어떻게 알겠나. 트렁크를 해머로 내리치고 다시 트렁크 하나를 사는 수밖엔 없겠구나, 뭐 그런 최후 방편도 생각했다.

가이드는 여전히 열리지 않는 트렁크 앞에 멍청하니 서 있는 나에게 물었다.

"권사님 정말 비밀번호를 모르세요?"

"설정해 놓지도 않은 비밀번호를 제가 어떻게 알겠어요!"

정말 기가 막힐 노릇이었다. 한동안 생각에 잠겨있던 가이드는 갑자기 바닥에 놓인 트렁크 앞에 무릎을 꿇었다. 마치 기도하듯 그렇게 트렁크 앞에 무릎을 꿇은 그는 신중한 표정으로 트렁크의 번호를 차례차례 돌리기 시작했다.

0000, 0001, 0002… 0100, 1000,…

그렇게 가이드는 땀을 뻘뻘 흘리면서 계속 기약 없이 번호를 맞추는 것이었다. 나는 어이가 없었다. 우직한 가이드의 모습은 그야말로 어리석기 짝이 없는 금고털이범처럼 보였다.

그런데 그렇게 십여 분이 지났을까. 덜컥, 하면서 거짓말처럼 트렁크가 열렸다. 별 소망 없이 바라보던 나는 기절할 듯이 놀랐다.

가이드가 마치 자신의 트렁크라도 되는 것처럼 상기된 표정으로 외쳤다.

"열렸어요!"

과연 트렁크는 제멋대로 쑤셔놓은 옷가지들을 염치도 없이 적나라하게 내보이고 있었다. 땀을 훔치면서 가이드가 말했다.

"권사님 트렁크 비밀번호는 1113번이었네요."

나는 어떻게 해서 비밀번호가 1113으로 맞추어져 있었는지 지금도 모른다. 그리고 가이드가 어떻게 해서 1113까지 진도를 나갔는지 그것도 모른다. 아는 것은 단 하나. 엉뚱하게 잠겨버린 나의 트렁크를 인내와 사랑으로 비밀번호를 풀어낸 가이드가 당시로서는 나에게 구세주였다는 것뿐.

그때까지는 말 몇 마디 나누지 않는데 그 후부터는 마주칠 때 미소도 교환하고 호텔 로비에서 커피도 같이 마시고 유적지에서는 사진을 찍어달라고 부탁하는 사이가 되었다.

그런데 여행 도중 문제가 생겼다.

가이드의 진실함을 알게 된 순례단원 중 몇 분이 적극적으로 가이드를 전도하기 시작한 것이다. 내가 생각하기로는 분명 '문제'였다.

"가이드님, 우리 교회에 나와요. 쏙이요."

시간만 나면 그렇게도 열심히 졸라대는(?) 열성분자 순례자에게 그냥 빙긋이 웃어주기만 하는 가이드를 보며 나는 불편한 마음을 어쩔 수 없었다.

그는 성지순례 전문 가이드였다.

그동안 그를 거쳐 간 많은 단체 여행객들은 거의 기독교 신자였을 테고, 그 많은 순례자들은 각각 자기 교회에 오라고 수없이 전도했을 것이다. 그러니 얼마나 많이 전도를 권유받았을 것인가! 그러면서도 꿋꿋하게(?) 교회에 나가지 않는 것을 보면 뭔가 확고한 자신만의 신념이 있는 사람이 아닌가.

그런 사람에게 저렇게 매일 어린아이 졸라대는 것처럼 귀찮게(그때는 정말 그렇게 생각했다) 전도하면 전도가 먹히느냐 말이다! 어떻게 보면 순례자들의 말을 존중해야만 하는 가이드에게 직권남용적인 횡포가 아닌가.

평소 예수천국 불신지옥 같은 노방전도에 부정적인 생각을 가지고 있고 어깨에 띠를 두르고 전철역 앞에서 전도하는 열성 전도대원들이 껄끄러웠던 나는 '전도는 저렇게 하는 것이 아니지 않은가' 하는 생각이 강했다. 그렇다 보니 틈만 나면 가이드에게 접근해서 '우리 교회 좋아요. 우리 교회에 오세요. 같이 신앙생활해요.' 하는 열정적인 순례자들의 전도 행각(?)을 볼 때마다 나는 오금이 저릴 정도로 민망했다.

좋은 소리도 한두 번이지 지금 가이드는 참 견디기 힘들겠다. 어쩌면 나의 불만은 가이드보다 더했으면 더했지 덜하지 않았을 것이다. 여행이 끝나고 공항에서 가이드와 마지막 헤어지는 그 순간까지 열성적인 순례자 몇 분은 전도를 잊지 않았다. 꼬옥 우리 교회에서 만나요~

믿을 수 없는 일은 성지순례를 다녀온 다음 주일에 일어났다.

가이드가 정말 교회에 모습을 나타낸 것이다. 나는 일본의 쓰나미 버금갈 정도로 놀랐다. 그러면서도 속으로 생각했다. 하도 강권하니 어쩔 수없이 인사치레로 그날만 왔을 것이라고. 그다음 주에 나는 다시 또 놀라지 않을 수 없었다. 그다음 주에도 역시 가이드는 교회에 왔던 것이다. 가이드는 교회에 정식으로 등록했고 그 후부터 해외 출장이 아니면 매 주일마다 교회에 나왔고, 새 신자 양육까지 받았다.

어떻게 이런 일이!
대체 어떻게 해서 하나님의 트렁크가 열리고 보물 같은 가이드가 짠, 하고 나타나게 된 것이란 말인가. 그때까지 내 힘으로 열 수 없는 하나님의 트렁크였다. 비밀번호를 도저히 알 수 없었다.

식사를 하면서 여행소감을 나누는 순서에서 마지막으로 마이크를 잡은 가이드가 입을 열었다.

"저는 여러분들과 같이 여행하면서 여러분의 친절과 배려 감사하고 있었습니다. 정말 좋으신 분들이어서 더욱 마음이 갔던 것도 사실입니다. 여행하던 당시 저는 이제는 교회를 정하고 잘 다녀야겠다고 생각하던 즈음이었습니다. 그런데 여러분이 계속 진실하게 권유하시기에 저는 속으로 이런 생각을 했습니다. 만약 여행이 끝나고 나서도 순례자 중에서 어느 누구라도 전화를 해주면 그 때는 정말 교회에 갈 것이다... 그렇게 결심했는데 귀국 후 며칠이 지나지 않아 어느 권사님이 전화를 하셨어요. 이번 주 교회에서 만나자고요. 그래서 당장 나오게 된 것이지요. 좋은 교회로 인도해 주셔서 감사합니다. 앞으로 열심히 교회에 잘 나오겠습니다."

나는 그 말을 듣는 순간 머리가 띵해졌다.

이것은 분명 하나님이 나를 한 방 먹이신 것이다. 그러니까 그 가이드는 하나님이 준비해 두신 사람이었던 것이고 그 준비에 맞추어 순례자들은 열심히 권고했던 것이고 내가 그토록 〈과잉 전도자〉라고 생각했던 열성분자에 의하여 정확하게 가이드를 하나님의 은혜 아래로 이끌어낸 것이었다.

나는 갑자기 그곳에 모인 모든 사람들이 너무도 사랑스러워졌다. 성지 순례의 감동을 책으로 엮어낸 장로님도 소중했고

속으로 나에게 엄청 욕을 먹었던 열성파 순례자의 훤한 얼굴도 소중했고 진솔한 가이드의 고백도 너무너무 소중했다.

　　그날의 거룩한 모임에서 나는 하나님의 비밀번호를 열 수 있는 방법을 다시 깨달았다. 하나님의 트렁크는 '전도의 미련한 방법'으로 열린다. 그 비밀번호는 나의 호, 불호와는 전혀 상관 없다. 너무도 당연한 말이지만 잊고 있었던 것이 또 하나 있었다. 전도에는 정도(正道)가 없다. 그동안의 나의 교만이 부끄러워 얼굴은 뜨거웠지만 곧 이렇게 생각하기로 했다. 비밀번호를 뒤늦게라도 깨달은 나 역시 하나님은 소중하게 생각하시겠지.

태껸무 추는 권사님

지금 남편은 병원에서 입원가료 중이다. 예상치 못한 병으로(병은 분명 여러 징조를 보여주며 이사야 못지않은 예언을 하지만 아둔한 인간은 절대 인식하지 못한다) 병원을 누비며 태껸무를 추고 있다.

오른쪽 뇌에 손가락 두 마디만한 뇌경색 부위가 생기는 바람에-그냥 쉽게 얘기하자면 중풍으로- 왼쪽 팔과 왼쪽 다리가 약간 건들거리는 이상한 형태로 걸음을 옮기는 모습이 흡사 태껸무를 추는 듯 하기 때문이다.

남편은 왜 자신이 태껸무를 추게 되었는지 지금도 의아해 할 뿐 아니라 자신의 춤추는 모습 역시 인정하지 않는다.

남편의 이름 뒤에 권사님을 꼭 붙여서 불러주는, 구별된

자들이 찾아올 때는 순한 양처럼 고개를 숙이고 '내가 왜 이렇게 되었는지 반성합니다'하는 표정으로 다소곳이 앉아있지만 그보다 훨씬 많은 시간은 자신의 의지와 관계없이 나날이 리드미컬해지는 태껸무를 추면서 점점 지쳐가고 있다.

차마 아내인 나에게도 말을 못하지만 남편의 얼굴에는 이런 글씨가 아주 선명하게 써있다. 아니, 내가 왜 이 나이에 원하지도 않는 태껸무를 추어야한단 말인가!

주옥같은 성경 말씀을 발췌하여 전하려는 나의 시도는 남편의 은근한 거절 앞에서 번번이 실패로 돌아가곤 한다. 발병원인 찾기에만 몰두하느라 치료 의지가 상대적으로 심히 약해진 탓이다.

병은 남편이 났는데 혈압은 내가 오르고, 환자 권사님이 투정 부리다 잠이 들면 간병인 집사가 된 나는 성경 책을 들었다 놨다 하면서 혈압을 조절하고 있다. 그래서 이제 우리는 부부 환자가 되어버렸다.

두 세 개의 링거 병을 달고 예의 그 태껸무를 추면서 병원 안을 무시로 방황하는 남편 뒤를 따라다니노라면 나의 뒷목이 뻣뻣해지면서 멀쩡했던 혈압이 급상승되어버리는 것을 종종 느낀다. 어쨌든 병원이라는 곳은 춤을 추기에는 적당한 장소가 아니므로. 하릴없이 남편의 태껸무를 관람하던 중 불현듯 어떤 책의 한 대목이 생각났다.

한때, 독서클럽에 일 년 정도 다녔던 적이 있었다. 한 달에 한 번 정해진 책을 읽은 일고여덟 명의 사십 대 공주(공부하는 주부)들이 폼 나는 레스토랑의 룸 하나를 빌려 스프에 적신 빵도 먹고 칼질도 하면서 책에 대하여 중구난방 떠들었던 시절이었다.

그때 『모리와 함께한 화요일』이라는 스테디셀러를, 오로지 책의 두께가 얇다는 이유 하나만으로 선정해 토론하게 되었다. 물론 당시의 나는 할 말이 없었다. 그날 스파게티의 맛이 죽여줬다는 것 이외에는 특별하게 뇌리에 남아있는 구절도 없다.

아직도 그 책을 읽지 않으신 분을 위하여 내용을 대강 설명 드린다면 이러하다. 루게릭병에 걸려 죽음을 바로 앞에 둔 노 교수(모리)가 화요일마다 제자(미치)를 만나서 [인생의 의미]라는 주제로 인생에서 얻은 경험들을 강의했고 미치는 그것을 책으로 엮어낸 것이다. 누군가 내게 그 책이 뭐가 그렇게 좋더냐하면 역시 우물쭈물하겠지만, 단언컨대 그 책을 읽은 사람은 누구나 자신을 돌아보며 감사의 기도와 안도의 한숨을 쉬게 될 것이다.

하지만 어느 순간 명료하게 떠오르는 한 대목은 현학적인 아포리즘이 아니었다.

모리가 병이 나기 전까지는 매주 수요일마다 하버드 스퀘어에 있는 교회에서 열리는 '무료 댄스 파티'에 갔다는 사실.

귀가 번쩍 뜨이는 단어가 줄줄이 있어 부득이 밑줄을 치게 되었다. 수요일과 교회와 무료 댄스파티의 절묘한 조화!

조명이 번쩍이고 스피커가 웅웅거리는 소리 사이로(교회에 분명 그런 시설이 있었다는 이야기!) 모리는 룸바, 살사, 탱고 등 어떤 춤이든 열광적으로 추었다는 것(교회 어르신들께서 춤의 도가니에 빠지는 것을 허용하셨다는 이야기!), 그리고 그때 매우 행복해하고 즐거워했다는 것. 그 대목을 읽으면서 부러움과 시샘이 가득해진 나는 생각했다.

만일 우리 교회에서 매주 수요일 무료 댄스파티가 열린 다면...!

나는 우리 교회의 내밀하고도 다양한 내부 구조를 점검해 보았다. 이내 몇 군데의 유력한 후보지가 떠올랐다. 그렇지! 바로 거기가 적재적소야!

환갑이 다 된 나이에 배우지도 않은 태껸무를 온종일 추고 있는 남편 때문에 춤추는 모리가 생각났을 것이다. 모리와 다른 점이 있다면 모리는 아프기 전까지 춤을 추러 갔었고, 남편은 아프고 난 후 춤을 출 수 있다는 것.

만약 우리 교회도 하버드 스퀘어에 있는 교회처럼 매주 수요일에 댄스파티가 열린다면? 점점 뒷목이 뻣뻣해져오는 나의 혈압도 조금은 내려갈 것 같고 우리 남편은 절름거리는 스텝으로 태껸무를 멋들어지게 출수 있을 텐데...

토종 닭 일곱 마리

얼마 전 콘도에서 하룻밤 묵을 일이 있었다. 공교롭게도 주일이었다. 아침에 TV를 켰더니 화면 위에 자막이 계속 떴다.

9시에 콘도 어디어디에서 주일 예배가 있습니다... 조금 후에는 이런 자막도 떴다. 오후 3시에 본관 어디에서 미사가 있습니다...

모르긴 해도 주일 아침을 콘도에서 맞이한 많은 기독교인들이 그곳에 가서 예배를 드리고 본 교회에서 주일 성수를 못했다는 죄책감을 조금이나마 씻을 수 있었으리라고 생각된다.

나 역시 우리 교회가 아닌 곳에서 주일 예배를 드린 적이 거의 없었으므로 매우 찜찜하던 차였다. 생각해 보면 어느 교회건 다 하나님이 계신 곳인데 왜 그렇게 편협한 생각을 하는지 나도 모르겠다.

어쨌든 우리 일행은 콘도 근처, 지인이 다니는 교회에 가서 예배를 드리기로 했다. 교회는 아담했다. 마치 1970년대의 우리 교회 같은 분위기였다. 인구 7만의 소도시에 자리한 교회이어서인지 젊은이들은 거의 보이지 않았고 연로한 분들이 많았다.

관광지라 여행 중 들린 듯한, 가벼운 옷차림의 예배자도 눈에 띄었다. 낯선 교회였지만 마음과 정성을 다하여 예배를 드렸다. 작은 교회여서인지 담임 목사님이 사회, 말씀 선포, 광고 등 모든 것을 다 하셨다. 그런데 압권은 바로 광고시간이었다. 교인 중에 상(喪)을 당하신 분이 계셨던 모양이었다.

목사님: 에, 모모 집사님께서 여러분의 기도와 도움으로 무사히 장례를 마치게 됨을 감사하면서 점심으로 토종닭 일곱 마리를 기증(?)하셨습니다. 아무쪼록 예배드리신 모든 성도님들은, (우리 일행이 앉은 쪽으로 고개를 돌리시면서)저어기 여행 중 들리신 분들도 한 분도 빠짐없이 점심식사를 하시고 가시기 바랍니다. 맛은 자타가 공인하는 세계 최고의 수준입니다!

우리 일행은 살며시 주위를 돌아보았다. 교인들이 적어도 백여 명은 되어보였다. 아니, 이 많은 교인들이 어떻게 토종닭 일곱 마리로 식사를 할 수 있을까. 우리의 내심을 알아차리셨는지 목사님이 부언설명을 하셨다. (주일 낮 예배의 광고시간이라는 것을 감안하시고 읽어주셨으면 좋겠다)

목사님: 그냥 닭이 아니고, 토종닭입니다. 그래서 매우 큽니다. 게다가 일곱 (목사님은 손가락으로 일곱을 펴 보이셨다) 마리나 됩니다. 충분히 드시고도 남습니다. 모두들 식당으로 내려가십시오.

우리 일행은 수많은 교인들과-나중에는 목사님까지 합세하여-"꼭 드시고 가시라!"는 간청을 뿌리치고 나오느라 보통 고생한 게 아니었다.

지인이 예약한 횟집에서 식사를 하면서 우리는 토종닭의 사연을 좀 더 들을 수 있었다. 고인(故人)은 무척 어렵게 사시던 분인데 올망졸망한 자식들을 남겨둔 채 갑자기 교통사고로 돌아가셨다고 했다. 마침 지인은 고인의 자녀를 청년부에서 가르치고 계시고, 고인의 어머니와는 같은 속이었다.

속회에 참석한 어머니가 장례를 치뤄준 감사로 토종닭 일곱 마리를 교회점심으로 제공하겠다고 말씀하셨다고. 모인 속도들은 어떻게 하면 토종닭 일곱 마리로 교인들을 모두 대접할 수 있는가에 대해 합심(?)하여 고민하기 시작했고 그에 따른 의견이 분분했다고 한다.

물을 많이 붓고 닭백숙을 끓이자, 튀겨서 작게 한 조각씩 나누자, 등등 오랜 시간 의논하던 끝에 결국 닭볶음탕으로 낙찰이 되었다는 것이다. 감자나 양파 같은 부대 재료를 아주 많이 넣고(대체 얼마나 많이 넣어야할지!) 만들어서 식탁마다 한 대접씩 올려놓으면 해결이 된다, 이렇게 결론지었다고.

이건 순전히 내 짐작이지만 그 날 점심식사는 절대 부족하지 않았을 것이다. 내가 많이 먹으면 저 사람이 못 먹을 수도 있으므로 젓가락질도 무척 절제가 되었을 데니. 토종닭 일곱 마리의 점심식사 사건은 현대판 오병이어와 다름없어 보인다.

그리고 보니 몇 년 전의 일이 떠올랐다. 여선교회 월례회 때마다 집에서 직접 만든 빵을 구워오는 분이 계셨다. 늘 변함없이 웃으면서 (누가 만들어 오라고 부탁하지 않았는데도 자원하여) 빵을 나누어 주시고 남은 빵은 싸주기까지 하던 회원의 아름다운 마음. 그것뿐인가. 만나기만 하면 주머니를 뒤져 사탕 한 알이라도 꺼내 주시는 분도 계셨다. 교회는 오병이어의 기적을 날마다 실천하고 또한 체험할 수 있는 신비한 곳이다.

작년 추석 즈음에 겪은, 내가 인도하던 속에 계시던 어느 권사님의 사랑도 잊을 수 없다. 나란히 앉아 같이 버스를 기다리던 권사님이 가방을 여시고 한참 부스럭거렸다. 그렇게 해서 내 손에 쥐어주신 것은 빳빳한 만 원짜리 한 장이었다. 나는 너무 놀랐다. 그 권사님은 무척 가난하신 분으로 정말 어느 때는 끼니조차 걱정해야하는 분이셨다. 방금 전 속회 나눔의 시간에 추석에 3만 원으로 음식을 차려야하는데 뭘 할까 걱정이라고 하시던 권사님이 대뜸 나에게 돈을 내미는 것이다. 추석 명절이니 송편이라도 사주고 싶다며.

당황한 나는 극구 말렸지만 소용없었다. 사실 버스 정류장에 나란히 앉았을 때부터 나는 머릿속으로 통박을 재고 있었다. 권사님이 저렇게 어려우신데 나의 빈약한 호주머니에서 다만 얼마라도 드려야 하지 않을까 어쩔까 그런 고민이었다.

그런데 권사님이 먼저 나에게 선뜻 돈을 내민 것이었다. 너무도 주고 싶으니 받으라고 어찌나 강권하시던지 도저히 물리칠 수 없었다. 그리하여! 엄청난 금액, 만 원을 받을 수밖에 없었다.

고백하건데 속회 인도를 십 년 넘게 했지만 도대체 누가 속회 인도를 하는지 모를 때가 많다. 속회 드리는 시간은 대개 내가 뭔가를 배우는 시간이다. 나는 정말 너무도 창피하고 부끄러웠다. 나는 적어도, 3만 원으로 추석 상을 차리지는 않는 형편이었다.

세상에서의 빈부는 눈에 보이는 재산으로 평가될지 모르지만 교회에서는 세상의 기준과는 다르다. 자신이 주는 사람인지 아니면 받는 사람인지 돌아본다면 진정한 부자가 누구인지 자연히 드러나는 것이 아닐까.

나는 (지인에게서) 회를 얻어먹은 자요, 책을 선물 받은 자요, 빵을 얻어먹는 자요, 사탕을 얻어먹는 자요, 과부의 렙돈 두 닢을 받은 자다.

나는 세상에서도 가난한데 교회에서도 정말 가난한 사람이다. 대체 나는 언제 부자가 될까.

　|　대한민국에서 교인으로 살아가기

낭만적 사랑과 교회

지하철 1호선 제기역 1번 출구로 나오면 함흥냉면 집이 있다. 식당 입구에 있는 100원짜리 자판기 커피는 교회 올 때마다 뽑아 마시지만 그곳에서 식사하는 일은 드물다. 음식 값이 좀 비싸기 때문이다.

저녁 집회가 있던 날이었다.

우리 부부는 모처럼 냉면집으로 들어갔다. 마치 중국집에 와서 짜장면과 짬뽕을 두고 망설이는 것처럼 오랜 시간 고민하다가 결국 냉면과 갈비탕을 사이좋게 나누어 먹기로 했다.

한참 맛나게 먹고 있는데 누군가 뒤에서 부르는 소리가 들렸다. 교회 어르신들을 모시고 화끈하게 쏘던 어느 장로님께서 뒤늦게 우리를 발견하고 우리 계산까지 해주려는 거였다. (조금만 더 늦게 주문할 것을! 도대체 왜 그 식당은 선불인지 모르겠다!) 비록 우리 음식 값을 지불하지는 않았지만 그 넉넉하고 아름다운 마음에 저절로 미소가 지어졌다.

가진 것이 많다고 누구나 그렇게 쏘지는(?) 않을 거라고 또 다른 누군가에게 그 때의 광경을 말해주었더니 돌아오는 말이 좀 의외였다. 이런 저런 에피소드를 나열하면서 험담으로 일관했던 것이다. 뭘 모르시네 하는 투로 들려준 몇 가지 일화는 대단히 비호감적인 이야기들이어서 차라리 몰랐으면 더 좋았을 뻔했다.

거짓을 꾸며댈 만한 인격을 가진 분은 아니므로 그 말은 사실일 테지만 들으면서도 마음이 찜찜했다. 가뜩이나 세상은 인터넷의 홍수로 정작 필요한 정보는 등한히 하고 쓸데없는 스팸메일이 난무하는 시대이다. 교회에는 꼭 알아야 할 일도 있지만 잘 몰라도 상관없는 일 또한 적지 않다. 뿐인가, 쉽게 판단할 수 없는 〈알 수 없는 영역〉이 분명히 존재한다.

오래 전 일이다. 속회예배를 드리러 젊은 속도의 집을 방문했다. 무척 후텁지근한 날, 산꼭대기에 있는 집을 연로한 속도들과 함께 힘들게 올라갔는데 문을 열어주지 않았다. 한 삼십 여 분 동안 문을 두드리고 전화를 해보았지만 소용이 없었다. 당시 유치원에 다니던 우리 아들은 짜증내고 울고 난리도 아니었다.
휴대폰도 없던 시절이었다. 대략난감해진 속도들은 하는 수 없이 닫힌 문 앞에서 기도를 드리고, 속회 헌금(나는 정말 하기 싫었지만 어느 권사님의 권유로 하는 수 없이)을 했다.

물 한 모금 못 마시고 땡볕 속에 다시 산을 내려오면서 둘로 나뉘었다. 연로한 속도들은 "무슨 일이 있겠지."하면서 이해하는 편이었지만, 나는 평소 죽이 잘 맞았던 젊은 후배 속도와 온갖 험담을 늘어놓았다.

"속회를 받기 싫으면 처음부터 싫다고 할 것이지! 외출 약속이 있으면 미리 말을 할 것이지!" 나중에는 속도의 깨끗하고 곱상한 미모까지 도마에 올랐다.

"얼굴만 예쁘면 뭐해, 심보가 글렀어!"

하지만 정작 심보가 그른 사람은 우리였다. 젊은 속도의 남편이 갑자기 교통사고를 당해 경황없이 병원으로 달려 간 사실을 며칠 후 알게 되었던 것이다.

이웃에게는 더없이 관대하고 내 자신에 대해서만 철저했으면 그렇게 입방아를 찧지는 않았을 텐데.

그리스도인으로 살아가는 데에는 특히 교회생활을 하는 데에는 참으로 여러 가지 모습이 있다. 사람의 면면도 매우 다양해서 그때그때의 상황에 따라 많은 차이를 느낄 수 있다. 오랫동안 신앙생활을 한 나로서도 헷갈리는 면이 적지 않은 것은 그리스도인이나 교회나 완전하지 못하기 때문일 것이다.

하나님은 아신다고 흔히 말한다. 하지만 하나님만 아신다는 것에 우리는 잘 승복하지 않는다. 눈에 보이는 대로 판단하려고 하는 것이다.

이왕이면 하나님도 아시고 우리도 확실히 알면 신앙생활이 얼마나 산뜻하고 명확할 것인가. 하지만 우리가 알 수 없는 영역이 있다는 것을 우리는 인정해야 한다.

누군가 식당에서 새치기하는 것은 빡빡한 회의 막간을 이용하여 40일 아침 금식의 허기를 메우기 위함이라는 것을 우리는 모른다.

누군가 예배 중간에 살짝 빠져나가는 것은 공군에 입대하는 아들과 함께 진해까지 가야 하기 때문이라는 것을 우리는 모른다.

누군가 성인학교에 상습적으로 늦게 오는 것은 오랫동안 병중에 있는 시어머님 수발 때문이라는 것을 우리는 모른다.

정말 우리는 판단할 수 없다.

집회나 모임에 꼭 늦게 오시는 누군가는 해외선교나 전도에 탁월한 달란트가 있기도 하고, 자신이 입었던 찬양대 가운을 늘 다른 사람에게 부탁하는 누군가는 의외로 구제와 봉사에 누구보다 먼저 발 벗고 나서는 열심이 있으며, 식당에 줄을 설 때 앞자리로 파고들어 별로 예쁘지 않게 새치기를 하시는 누군가는 실은 몸이 불편한 분을 위하여 땀을 뻘뻘 흘리면서 대신 식사를 타다주는 것일 수도 있다.

찬양 연습 시간에 잡담으로 일관한다고 눈총 받는 누군가는 상대방의 마음 깊은 곳에 있는 상처를 치료중인지도 모른다.

큰소리로 남 야단치는 게 취미인 것처럼 보이는 누군가는 깜짝 놀랄 정도의 헌금으로 사람들을 감동시키기도 하고 뺀질거리는 것처럼 보이는 누군가는 까다로운 불신자 남편을 더 잘 섬기기 위해 초치기로 시간을 나누어 쓰는 중인지도 모른다.

흥이 많은 사람의 이면에 뜻밖에도 보석처럼 아름다운 사랑과 봉사가 몰래 반짝이고 있을지도 모른다. 그것이야말로 우리가 알 수 없는 영역이다.

"어디 분위기 좋은 곳에 모여 맛있는 음식 먹으면서 남 흉 볼 때가 제일 신난다."

이렇게 말한 사람은 소설가 박완서다. 그녀를 위시해서 세상 사람들은 다들 그렇게 할지 몰라도 우리는 다르다. 우리는 그리스도인이고 왕 같은 제사장이고 하나님이 감히 의인이라고 불러주는 하나님의 자녀이고 제자이고 일꾼이고 청지기이므로. 게다가 우리는 성숙한 크리스천이므로.

우리 중에는 유난히 재를 뿌리는데 능통하여 달인의 경지에 이른 사람도 있고 별 것 아닌 일화도 꽃가루를 뿌려서 마음을 훈훈하게 하는 사람도 있다.

제발 나의 메가톤급 허물에도 누군가 꽃가루 좀 뿌려주었으면 좋겠다. 칭찬을 하면 고래도 춤을 춘다고 하지 않던가!

허물이 많이 보임에도 불구하고 따뜻하게 끌어안기. 그 사람의 언행을 이해하기 어려워도 무조건 사랑하기. 미운 털이 박혔어도 그저 사랑하기.

나는 그런 멋진 사랑을 〈낭만적 사랑〉이라고 부른다.

어느 누구나 오라

다니엘 특별 새벽기도 첫날, 여명이 밝아오는 제기역 1번 출구에서 한 분을 만났다.

때 묻은 이불을 둘러쓰고 뒤척이는 중년 남자였다. 노숙자인 그 분은 잠이 덜 깬 표정으로 두리번거리다가 나와 눈이 딱 마주쳤다. 순간, 썩 잘 생긴 남자분의 손을 일으켜 교회로 인도하고 싶은 마음이 간절해졌다.

'우리 같이 교회 가실까요? 바로 저 앞에 있어요.'

하지만 입은 간질간질한데 말은 선뜻 나오지 못했다. 이런 저런 생각에 교회까지의 발걸음이 무거웠다.

언제인가 우리 교회가 구제하는 수요일이었다. 수고하시는 권사님이 잠시 자리를 비우시는 동안 대타로 한 이십 분 정도 노숙자들에게 구제금을 나누어드린 일이 있었다. 줄을 서신 분들 중에는 입성이 번듯해 보이는 분도 계셨고 온몸에서 냄새가

진동하는 분도 계셨다. 동전을 나누어 주는데도 무슨 증명서를 확인해야했다. 그 중 몇 사람이 머뭇거리면서 쯤(?)을 안가지고 왔다는 둥 잃어버렸다는 둥 핑계를 대시면서 어떡하든 동전을 받으려고 굽신거렸다.

"좀 봐주십시오."

봉사하시는 분으로부터 그런 분이 계시면 절대 봐드리면 안 된다는 언질을 받았다. 자꾸 규칙에서 벗어나면 질서가 무너지고 차질이 생긴다는 것이다. 그분의 신신당부에도 불구하고 규칙에 어긋나는 일이었지만 나는 봐드렸다.

두 손으로 동전을 건네 드리면서도 '교회에 나오세요.'하고 말하지는 못했다. 그분들로 말하면 주일은 아니지만 매주 한번씩은 꼬박꼬박 교회에 나오고 있었다. 제 발로 걸어서 말이다.

교회 옆에 새로 입주하는 아파트에는 우리 전도팀이 발이 부르트도록 다니지만 제 발로 교회를 찾아오는 노숙자 분들에게 우리는 어떤 프로젝트로 전도전략을 세우는 것일까? 교회에서는 그분들을 어떻게 생각하는지 잘 모르겠다. 구제의 대상인지 혹은 전도의 대상인지 아니면 구제의 대상이자 전도의 대상인지.

지난 크리스마스였다.

성탄 예배를 가려고 전철을 탔는데 허름한 차림새의 동남아 노동자 몇 사람을 만났다. 가만히 눈치를 보니 성탄 휴일을 맞아 딱히 갈 곳도 없이 그냥 전철을 탄 모양이었다. 그분들 맞은편에 앉아있던 나는 교회에 도착하는 삼십여 분 동안 무지하게 고민했다.

'메리 크리스마스! 우리 같이 교회 갑시다. 환영합니다! 하나님은 당신을 사랑하십니다!' 그 정도의 영어는 할 수 있겠는데 도저히 입이 떨어지지 않았다.

성탄절이 아니더라도 휴일에는 그분들처럼 갈 곳이 없이 두리번거리는 외국인 노동자를 심심치 않게 볼 수 있다. 그런데도 나는 한 마디도 말을 건네지 못한다. 집이나 교회에서는 큰소리도 잘 내지만 막상 수많은 전도 대상자 앞에서는 꿀 먹은 벙어리가 되는 나를 어떻게 변화시켜야 할지 잘 모르겠다.

그분들을 위하여 좀 더 열심히 영어회화를 공부해야 하는 것인지 아니면 전도할 수 있는 담대한 믿음을 달라고 기도해야 하는 것인지 헷갈리기도 한다.

예전 인도했던 속회에는 참으로 다양하신 분들이 속도원으로 계셨다. 하루 끼니를 걱정해야 하는 분에서부터 고급 아파트에 사시는 분까지, 삼십 대에서 구십 대까지 다양한 연령층과 빈부 격차를 뛰어넘어서 좋은 교제의 시간을 가질 수 있었다. 형편이 어려우신 댁에서 예배를 드릴 때는 더욱 은혜가 넘쳤다. 누군가는 과일을 누군가는 커피를 누군가는 쌀이나 떡을 들고 와서 예배 후 펼쳐 놓으면 그곳이 바로 푸른 초장이자 천국이 되는 것이다.

성격이 까칠하신 분, 혈기 넘치는 분, 유난이 말이 많으신 분, 자랑이 넘치는 분, 늘 조용히 웃고만 계시는 분, 매너 짱이신 분이 같이 어울리는데 그다지 어려움은 없었다. 우리는 모두 하나님의 자녀가 아닌가!

알코올 중독자도 깡패도 대리 기사님도 의사도 노름꾼도 운동권 청년도 노숙자도 사장님도 장관님도 전과범도 이혼녀도 정신병자도 심지어 창녀도 모두 하나님이 사랑하신다.

오늘도 나는 곧 하나님의 자녀가 될 분들을 한 분 한 분 떠올려 본다. 입가에 미소가 번진다. 그러므로 여러분들이여, 모두 교회에 오시라. 어느 누구나 오라.

너희 목마른 자들아 물로 나아오라 돈 없는 자도 오라
너희는 와서 사먹되 돈 없이,
값없이 포도주와 젖을 사라

-이사야 55장 1절

하나님의 몰래 카메라

-
-
-

　　　　　　　　　이번 주일 오전 열시 반. 교육관 이층의 작은 방에서 목격한 일이다.

　새 신자 양육을 위하여 다른 날보다 조금 일찍 도착한 나는 가만히 문을 열었다. 그곳에서는 대학생으로 보이는 젊은 청년이 초등학교 저학년 정도 되어 보이는 사내아이들 서너 명과 함께 두 손을 모으고 기도하는 중이었다. 정말 간절한 기도였다. 분반 공부 중인 모양이었다. 가슴이 쩌르르해진 나는 얼른 다시 문을 닫았다.

　그렇게 한참이나 문밖에서 기다리는데 어디서 맛있는 피자 냄새가? 다시 살그머니 문을 열고 엿보았다. 그래서 보았다. 천국 파티 장면을!

　분반 공부가 끝난 후 청년 선생은 아이들에게 피자 한 판을

쏜 모양이었다. 아이들이 하나씩 들고 있는 피자 위에 핫소스인지 치즈 가루인지를 정성스레 뿌려주고 있는 젊은 청년 선생. 어찌나 열심히 세심하게 뿌려주는지 마치 성경 필사라도 하는 듯 경건해 보이기까지 했다. 입 안 가득 피자를 베어 문 한 아이가 청년에게 물었다.

"선생님, 선생님은 결혼하셨어요?"
청년 선생은 허걱, 하는 표정이었다.
"아니, 아직 결혼 안했지!!"

아이들은 신나게 먹으면서 이것저것 쓸데없는 질문만 골라 하는데도 일일이 성심성의껏 답해주는 청년! 자신은 한 조각도 입에 대지 않고 아이들이 먹는 모습을 지켜보던 청년 선생은 휴지를 둘둘 말아왔다. 그러더니 아이들의 손을 일일이 닦아주는 것이 아닌가!

아아, 나는 왜 이럴 때 같은 청년 시대를 사는 우리 아들이 떠오르는지 모르겠다. 어제 밤 3차까지 뺑뺑이를 도느라 휴대폰까지 잃어버리고 제정신이 아닌 채 귀가하신 우리 아드님은 대체 언제 저렇게 멋진 믿음의 청년이 될 것인가.

아이들과 청년 선생은 빈 피자판과 함께 사라지고 새 가족 양육 받으실 부부가 들어오셨다. 나는 방금 목격한 장면에 대하여 이야기했다.

"주일학교 아이들과 초점이 맞지도 않는 이야기를 성실하게 나누고 혼자 쓰기에도 모자랄 용돈으로 아이들에게 피자를 시켜주고... 그 친구라고 스타벅스에서 커피 한 잔 나누면서 즐겁게 놀고 싶은 마음이 없겠어요?"

코홀리개 아이들의 손을 일일이 닦아주던 젊은 청년의 아름다운 모습에 우리는 모두 감동했다. 다른 젊은이 같으면 늘어지게 늦잠을 자거나 부스스한 모습으로 컴퓨터나 TV 앞에서 빈둥거릴 일요일 아침을 그렇게 맞이하는 청년이 있었다.

여덟 번 째 양육을 받고 있는 새 신자 부부가 말했다.
"금방 내 앞을 지나쳐 간 그 멋진 청년 말입니까? 이름이라도 물어 볼 것을!"

보이지 않는 곳에 더욱 아름다운 모습이 있다는 것을 하나님은 아신다. 머리카락 하나까지 세시는 하나님의 몰래 카메라가 아름다운 저 모습을 확실하게 찍으셨을 것이다.

그런데 하나님. 저에게 이름이라도 좀 알려주세요. 권사인 나보다도 더 믿음이 좋아 보이는 저 청년을 위하여 중보기도라도 하게요.

복 있는 자의 헌금

우리 집은 가난하다. 굳이 가난의 정도를 따지자면 나라에서도 우리 집의 가난을 인정해줄 만큼 가난하다. 남편이 병원에 가면 진료비가 공짜이고 내가 병원에 가면 진료비를 천원만 받는다. 약값은 사흘 치나 일주일 치나 한 달 치나 기간에 관계없이 단돈 오백 원으로 땡처리(?) 된다.

물론 성경적으로는 복 있는 자임에는 분명하다. 여호와를 아는 것이 네게 복이라, 복 있는 자는 여호와의 율법을 주야로 묵상하는 자로다, 가난한 자는 복이 있다고 하셨으므로.

복 있는 자와 가난한 자와는 잘 어울릴 것 같지 않은데 예수님께서 그렇게 선언하셨으므로 나는 그 말씀을 든든하게 붙잡고 산다. 나는 참 복이 많은 사람이야!

아무튼 이렇듯 가난한 자의 헌금은 매우 빈약할 수밖에 없다. 가끔 감사헌금으로 미미한 액수를 드리면서 헌금봉투 겉

면에는 이름도 액수도 기입하지 않았다. 분명 하나님은 우리의 형편을 알고 계시므로 아무 상관없는데 문제는 재무부 임원들이었다. 분명 그분들은 그럴 리가 없는데도 이름을 쓰면 "아니, 이 권사는 겨우 요만큼을 감사헌금이라고 했네?" 그렇게 생각할 것 같은 망상 때문이었다. (원래 소설가는 쓸데없는 생각이 많다)

그렇게 오래 동안 무명 감사헌금을 드리다가 변화가 찾아왔다.

담임 목사님이 강사로 활약하신 자체 부흥회에서 은혜를 받은 남편이 아껴두었던 비자금을 턴 것이다.

"나도 감사헌금 하고 싶다!"

우리 집 형편으로는 과한 액수를 보며 나는 마음이 흔들렸다. 이만한 액수라면 이름과 액수를 헌금봉투에 써넣어도 부끄럽지는 않을 것 같았다. 게다가 남편도 거들었다.

"우리, 이름 쓸까?"

"그러자!"

그래서 헌금봉투에 이름, 액수를 적어 넣었다. 좀 자랑스럽게. 하지만 그 자랑스러움은 이내 부끄러움으로 변했다. 그렇다면 이제까지 무명으로 감사헌금한 것은 단지 액수가 적어서였을 뿐이었다는 결론이 아니던가!

뼈아픈 반성 이후 우리는 변했다. 기쁜 마음으로 우리의 형편에 맞게 바치면 액수에 관계없이 하나님께서 기쁘게 받으신다는 확신이 생겼기 때문이다.

그 후 아무리 적은 액수의 헌금이라도 이름, 액수를 또박또박 적기 시작했다. 언제인가 우리가 좀 형편이 나아져서 마음에 흡족한 헌금을 드리게 될 때 씩씩하게 이름 액수를 적기 위해서다. 그리고 그 행위는 (재무위원이 아닌)하나님께 자랑하고 싶은 소망이기도 하다.

그러고 보니 생각나는 일이 있다.
몇 년 전 교회 미담집을 만들기 위하여 어느 장로님을 인터뷰 하면서 충격적인 은혜를 받았다. 그 장로님은 매 주일마다 감사헌금을 한다는 것이었다.

아니, 어떻게 그런 일이!

나는 생일감사 헌금은 단 한 번도 해본 적이 없고, 감사헌금은 수십 년 신앙생활을 통 털어도 두 자리 숫자 안에 머물러 있었다. 장로님은 이렇게 덧붙이셨다.
"물론 여유가 없을 때도 많았지만 감사헌금을 하고 싶은 간절함이 있으면 하나님께서 감사헌금할 수 있도록 채워주셨습니다."
그 말을 듣는 순간 나도 저 장로님처럼 앞으로는 매 주마다 감사헌금을 해야겠다고 결심했다. 그렇게 해서 처음 몇 달간은 열과 성을 다하여 감사헌금을 드렸지만 서너 달이 지나지 않아

흐지부지해지고 말았다.

　'감사헌금을 하고 싶은 간절함'보다는 '채워주시는 하나님'을 경험하고 싶었다는 게 솔직한 고백이다. 하나님은 본말이 전도된 헌금이 견딜 수 없으셨을 것이다.

　지금은 섣불리 매주 감사헌금을 드려야지 하는 생각은 버렸다. 하지만 앞으로 언제인가는 꼭 그렇게 될 날이 올 것이다. 혹시 아나? 이번 '목적 40일 새벽기도'에서 은혜 받으면 그 기회가 좀 더 빨리 올지도.

　기쁜 마음으로 각자의 형편에 맞게 바치면,
　하나님께서는 그것을 기쁘게 받으실 것입니다.
　하나님께서는 없는 것까지 바치는 것을 바라지 않습니다.

　　　　　　　　　　　　　　　　　-고린도 후서 8장 12절

───

* 이글에서의 담임 목사님은 앞의 글 '슬픈 설교를 하신 바로 그 목사님이시다.' 놀랄 일 같지만 생각해 보면 놀랄 일은 아니다.

믿음과 취향이 만났을 때

.
.
.

         나는 꽃을 좋아하지 않는다. 꽃이 너무 꼴 보기 싫어 꽃을 볼 때마다 눈을 흘긴다는 말이 아니라 평생 내 스스로 지갑을 열어 꽃 한 송이 사 본적이 없다는 말이다.

         어린 아이도 그다지 좋아하지 않는다.
         이 역시 어린 아이를 볼 때마다 혐오스러워 고개를 돌린다는 말이 아니라 귀엽고 어여쁜 아이를 보아도 선뜻 안아주고 싶은 생각은 들지 않는다는 말이다.

         따지고 들자면 꽃보다는 책이 더 좋고 막무가내인 어린 아이 보다는 대화가 통하는 성인남녀에게 더 호감이 간다는 것이 정확한 표현인지도 모르겠다. 하지만 많은 사람들은 내가 꽃이나 아이를 별로 좋아하지 않는다고 하면 눈을 동그랗게 뜬다.
         "아니, 어떻게 그럴 수가!"

그럴 때 나는 천하에 인정머리도 없고 냉정하기 그지없는 인간으로 매도당한다. 나는 매우 억울하지만 그냥 넘어간다. 그것은 취미나 취향, 또는 기호의 문제일 뿐이라고, 나도 알고 보면 꽤 부드럽고 착한 사람이라고, 그것을 증명할 수 있는 각종 에피소드가 한 소쿠리는 된다고 뻗대고 싶지만.

　　어느 면에서 나는 교회체질은 아닌 듯 느껴질 때가 한두 번이 아니다.
　　예배 시간에 잘 모르는 옆 사람과 인사를 나눌 때마다 닭살이 돋는 것이며, 주여! 삼창 외치면서 통성기도를 할 때마다 오금이 저리는 것이며, 사람들이 모여 담소를 나누는 자리에 선뜻 끼어들지 못하고 우물쭈물하는 것 때문에 많은 시간을 갈등하면서도 쉽게 고쳐지지 않는다.

　　그럼에도 불구하고 또 어느 면에서 나는 교회체질이 확실하다고 느껴질 때도 있다.

　　성경책을 늘 옆에 끼고 읽고 또 읽으면서 그 맛을 음미하는 취미가 있다는 점, 성경공부에 탐닉(꼭 이 단어를 쓰고 싶다)하고, 찬양의 감격에 빠져들어 소름이 돋는 환희를 예배 때마다 경험한다는 점, 목사님 설교를 인터넷으로 다시 들으면서 복음의 은혜, 그 기쁨을 만끽한다는 점에서 그렇다.

　　오래 동안 교회를 드나들면서 가끔 회의에 빠질 때가 있다.

사람들이 취향과 믿음을 혼동하는 것은 아닐까 하는 의구심이 드는 것이다.

도올 강의를 즐겨 보고 마이클 잭슨에게 열광하고 진보적 성향의 당을 지지하며 전인권을 좋아하지만 교회의 오랜 짬밥 경력으로 나도 눈치는 있어서 교회에서 만나는 사람에게는 대놓고 말하지는 않는다.

조지 부시를 악의 축이라고 생각하며 장로 대통령을 이전의 대통령보다 과히 낮게 보지 않는다는 것 촛불 집회나 조선일보에 대한 적극적인 호감 비호감도 결코 내색하지 않는다.

나의 몇 가지 취미 생활도 일반적인 교인들의 생각과 충돌하는 것을 굳이 내세울 필요는 없으리라. 믿음과 취향은 별개라고 보기 때문이다.

언제 어디서나 그렇게 당당하게 살고 싶지만 남부끄러운 일도 적지 않다.

새해 들어 복음성가 '십자가'에 필이 꽂힌 나는 한 달 내내 피아노를 치면서 부르고 또 불렀다. 그 시간은 온전히 은혜의 도가니였다. 피아노 치면서 가스펠 부르는 것은 나의 소중하고도 의미 있는 취미 생활이었다.

그러던 어느 날이었다. 바로 아래층에 산다는 아저씨가 벨을 눌렀다. 시끄럽고 짜증나니 피아노를 치지 말라는 것이다. 나에게는 은혜 넘치는 복음성가가 타인에게는 계단을 뛰어올

라와 벨을 누를 만큼 굉장한 소음으로 들렸다니 참으로 놀라운 일이었다.

"한밤중도 아니고 대낮에, 그것도 삼십 분 남짓한 짧은 시간 피아노를 치는 것이 그다지 이웃에게 해가 된다고는 생각하지 않습니다만."

나는 방금까지 은혜롭게 불렀던 복음성가 가사를 완전히 잊어버리고 이웃에게 은근히 대들었다. 사생활 침해와 소음에 대한 규정 등에 대하여 한동안 열띠게 토론(?)한 끝에 결국 내가 양보하여 '앞으로는 이웃을 배려하겠다'고 결론을 맺고 문을 닫는데 느닷없이 교패가 눈에 들어왔다. 어느어느 교회 성도의 집.

갑자기 가슴이 철렁 내려앉았다. 어차피 이웃을 배려하겠다고 결론 내릴 것을 왜 그렇게 오래 동안 '100분 토론' 하듯 논리를 내세웠는지 나도 모를 일이었다. 그냥 아무 말도 하지 말고 "죄송합니다, 조심하겠습니다."하면서 핏대 올리는 아래층 아저씨 손이라도 잡아 줄 것을.

요즘 열심히 참석하고 있는 '목적 40일 특별 새벽기도'에서 목사님 께서 하신 말씀이 떠올랐다. 우리는 모두 '공사 중'이라는 것이다. 그렇구나.

나 역시 지금도 '하자 처리 중'이다. 다만, 나의 체질을 만드신 하나님께서 이러한 나의 취향이나 체질을 멋지게 사용 하실 것이라는 확신은 있다.

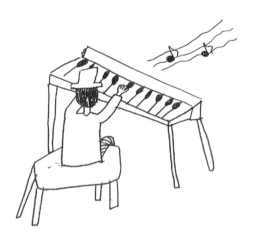

* 이글에서의 담임 목사님 역시 '슬픈 설교'를 하신 목사님이시다. 우리 가족은 매년 열리는 40일 새벽기도회에 열정적으로 참석하여 많은 은혜를 받았다.

대한민국에서 교인으로 살아가기

　　　　　지난 명절이었다. 남편과 아들 이렇게 세 식구가 성가대에서 선물로 준 예쁜 담요를 펼치고 둘러앉았다. 간만에 마련한, 오락과 친목을 겸비한 결전의 시간이었다.

　　광도 팔 수 없는 오리지널 선수들이 앉아서 –설마 그것이 열 시간을 내리 할 줄은 모르고– 팔뚝에 알이 배기도록 힘차게 내리쳤다. 각자의 성격대로 순간순간 시험에 들었다가 목소리 높이고 핏대를 세워 싸움 직전까지 갔다가를 반복하면서 집중적으로 동양화를 공부했다.

　　그런데 선무당이 사람 잡는다고 맹하기 짝이 없는 내가 왕창 따버렸다. 뒤집기만 하면 딱딱 짝이 맞춰지고 쓸어오면서 꼭 나도 모르게 튀어나오는 한마디, 아이고 감사해라.

　　첫 끝발이 식을 줄 모르는 네게 아들이 물었다.

　　"엄마, 지금 누구에게 감사하다고 하는 거야?"

"음...글쎄다..."

참으로 시기에 적절하기 않은 말을 한 나는 더 이상 뭐라고 말을 못했다.

때와 장소에 맞지 않게 사는 사람은 남편도 마찬가지여서 숯불구이 집이나 꼼장어 집에 앉아서도(옆 테이블에 앉은 신부님이 열심히 술잔을 기울이는 모습을 보고 남편은 그때 무척 은혜로웠다고 회상한다)빠뜨리지 않고 주님을 외쳐댄다. 그런 이상스런 방법이 어떻게 먹혀들어갔는지 모르지만 몇 사람 전도도 했다.

교회에도 다양한 인간들이 모이는 곳이다. 예수님도 말씀하시지 않았는가. 어느 누구나 오라고. 그래서 교회는 '어느 누구나' 온다. 당연히 별별 사람이 다 있다.

겉모습부터 경건한 사람이 있는가 하면 심통이 유별난 사람도 있고 나처럼 매사에 경박스러운 사람도 있다. 청와대를 갔다 오신 분도 계시지만 감옥을 갔다 온 분도 계시다. 세계 곳곳을 여행한 분도 계시지만 비행기 한 번 못 타본 분도 계시다. 천문학적 숫자의 연봉을 벌어들이는 분도 계시지만 길거리 행상으로 연명하시는 분도 계시다. 목소리 큰 분도 계시지만 속엣 말만 평생 하면서 일생을 사시는 분도 계시다. 믿음의 족보가 짱짱한 분도 계시지만 나 홀로 교인도 계시다.

주여 삼창을 즐겨 외치는 사람도 있지만 주여 삼창에 닭살이 돋는 사람도 있고 통성기도를 하라면 입 꾹 다물고 눈 꾹 감고 남의 통성기도를 분석하면서 나름대로 은혜 받는 -나 같은- 사람도 있다.

힘차게 박쑤~ 하면서 찬양 드리는 사람도 있지만 눈감고 찬양을 묵상하면서 기쁨을 얻는 사람도 있다. 주방에서 설거지하기를 기뻐하는 사람이 있는가 하면 손톱의 매니큐어 색이 얼마나 어여쁜가를 자랑하는 사람도 있다. 월례회 때마다 빵 만들어 오는 사람이 있는가 하면 남이 만들어 온 빵 집 식구 먹이려고 가방에 넣는 사람도 있다.

일주일에 일곱 번 교회 오시는 분도 계시지만 주일 성수하기에 급급하신 분도 계시다. 항상 늦게 와서 목사님 말씀 시작과 동시에 주보만 탐구하시는 분도 계시지만 미리 와서 성경 찾고 찬송가 찾아서 갈피에 끈 표시 해놓고 집에서부터 준비해 온 헌금 봉투 점검하는 분도 계시다. 오오 아름다워라 다양한 성도들이여~ 어느 누구나 하나님이 사랑하는 사람들이다.

몇 년 전이었다.

교인의 장례식에 갔다가 장지 근처에 있는 친구의 집에 모처럼 들리게 되었다. 목사이자 교수의 아내로 세칭 사모님 소리를 듣는 친구의 집은 쾌적하고 아름다웠다.

방금 읽은 듯 식탁에 펼쳐져 있던 프로이드의 책 그녀가 부드러운 빵에 발라주던 필라델피아 크림치즈의 맛. 넓은 창으로 아낌없이 쏟아지는 햇살 가득한 실내를 떠도는 잔잔한 클래식의 선율 널찍한 베란다에서 풍겨오는 꽃들의 향기와 부드럽고 띠뜻한 평화.

발음도 까다로운 남미 어딘가의 원두커피를 갈아 마시면서 그녀의 신앙생활에 대하여 물었다. 그녀는 두툼한 방석이 놓인 작은 코너를 가리켰다.

"저 곳에 무릎을 꿇고 앉아 있는 시간이 정말 좋아."

그 날 친구의 집을 다녀온 이후로 꽤 오랜 시간 헷갈렸다.

당시의 나는 일주일에 적어도 네 번을 교회나 교회에 관련된 일로 외출하고 있었다.

수요일 인도자 공부, 금요일 속회 예배, 토요일 성가연습, 그리고 주일. 그 중간 중간 부흥회나 경조사나 계삭회나 개척교회 방문이나 기도회나 하다못해 속도원의 며느리가 둘째 아이를 낳은 산부인과 병원 심방(절대 빈손으로 갈 수 없다!)에 이르기까지 끝이 없는 일이 신앙적 차원에서 나를 기다리고 있었다.

그때마다 숨 가쁘게 뛰어다니며 부르는 찬송가가 있었다. 내가 매일 기쁘게 순례의 길 행함. 성경구절도 외웠다. 먼저 그의 나라와 그의 의를 구하라.

그 친구도 그리스도인이고 나도 그리스도인인데 사는 모양은 많이 달랐다. 교회 생활을 너무 누리다 보니 그 밖의 생활을 누리지 못하는 아픔을 겪는 나에 반하여 그 친구는 전혀 양심의 가책도 받지 않고 물론 아픔을 겪을 일 없이 아주 잘 살고 있었다.

하나님은 다양한 사람들의 성품을 인정하신다. 그러므로 다양하게 삶을 사는 것도 인정하시리라고 짐작한다. 문제는 내가 원하는 그리스도인의 삶이 바로 그 친구가 사는 모습이었던 것이다.

교회 일로 뺑뺑이 돌지 않고(교회에 나오라는 날을 순종하면 일 년 365일 중에 250여 일을 넘어간다) 그 친구처럼 주일에만 신령과 진정으로 예배드리고 그 친구처럼 많은 시간을 편히 거실에 앉아 좋아하는 음악을 들으면서 원두커피를 갈아 마시면서 그리고 필라델피아 크림치즈를 바른 빵을 먹으면서 교양서적을 교양 있게 보고 있다가 어느 순간에는 도톰한 기도 방석에 무릎을 꿇고 앉아 경건한 큐티를 갖는다...

그때부터 그 친구가 떠오르면 어쩐지 울컥해졌다. 왜 그런지는 나도 모르겠다.

작년 가을부터 동사무소에 있는 문화의 집에 일주일에 한 번씩 나가 도서위원으로 봉사하기 시작했다. 교회가 아닌 공공

장소에서 봉사하는 것은 처음이었다.

아침 10시에서 오후 5시까지 자리를 지키면서 책을 빌려주거나 파본을 정리하고 신간 도서를 신청하거나 회원증을 만들어주면서 하루를 보냈다. 중간에 짬이 나면 그 많은 책들 사이를 거닐면서 책과 함께 할 때 나는 미음이 충만해지는 것을 느꼈다.

그런데 몇 번 교회의 일과 시간이 겹쳐 충돌이 되면서 조금씩 마음이 불편해지기 시작했다. 그런데 그 때마다 이거, 먼저 그의 나라와...에 위배되는 행동이 아니가 하면서 스스로를 죄인시 하는 또 다른 나의 모습을 볼 때 마음이 아팠다.

교회에서 목사님이나 또는 위에 계신 분들이, 자꾸 교회에 나오라고 다그치지 않고 '더욱 가정에 충실하세요. 이웃과 교제하는 시간도 있어야 하니까 너무 자주 교회에 오시지 마세요. 집에서도 기도할 수 있고 성도의 교제도 나눌 수 있답니다. 친지들을 돌보아 주세요. 전도는 가까운 곳에 정성을 기울여야 하니까요.'라고 말해주기를 바란다면 나는 바보인가?

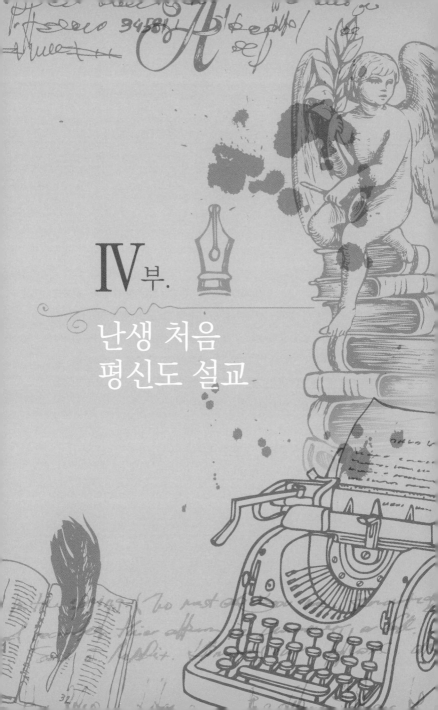

IV부.

난생 처음
평신도 설교

우리 옆에 계신 예수님

- •
- •
- •

        (오래전 현충일, 1부 소망 찬양대에서 친목 야유회를 갔다. 원래 그런 모임에는 목사님이 함께 하시는데 그날은 모든 목회자들이 시간을 낼 수 없었나 보다. 궁여지책으로 소망 찬양대원이었던 나에게 평신도 설교의 기회가 주어졌다. 한쪽에서는 고기 굽고, 한쪽에서는 국 끓이고, 한쪽에서는 아이들이 신나게 뛰어다니는 가운데서도 오십여 명이 넘는 분들 앞에서 꿋꿋하게, 그리고 신나게 설교했다. 감사한 시간이었다.)

우리가 들은 것을 누가 믿었느냐?
주님의 능력이 누구에게 나타났느냐?

그는 주님 앞에서,
마치 연한 순과 같이,
마른 땅에서 나온 싹과 같이 자라서,
그에게는 고운 모양도 없고,

훌륭한 풍채도 없으니,

우리가 보기에 흠모할 만한 아름다운 모습이 없다.

그는 사람들에게 멸시를 받고,

버림을 받고,

고통을 많이 겪었다.

그는 언제나 병을 앓고 있었다.

사람들이 그에게서 얼굴을 돌렸고,

그가 멸시를 받으니,

우리도 덩달아 그를 귀하게 여기지 않았다.

-이사야 53:1~3/새번역

오늘은 현충일입니다. 우리 아들 말에 의하면 유흥업소가 노는 날이 일 년에 딱 하루. 바로 오늘이랍니다. 음주가무를 즐기기 힘든 상황이지요. 하지만 순국선열들은 자신의 희생으로 이루어 낸 평화를 토대로 발전한 나라에서 후손인 우리들이 즐거운 시간을 갖는 것을 좋아하지 않을까요?

현충일 10시가 되면 사이렌이 불지요. 저는 꼭 묵념을 합니다.

저는 예배당 단상 위에 태극기가 걸려있는 것을 탐탁지 않게 생각할 정도로, 그다지 애국자는 아니지만 순국선열에 대하여는 빚진 마음이 있습니다.

수백만 명을 감동시킨 영화였던 태극기가 휘날리며를 보고 눈물 한 방울 흘리지 않고 빡빡한 가슴으로 눈 똥그랗게 뜨고 이리저리 분석만 하고 앉아있는 나를 보고 같이 영화를 본 우리 아들이 엄마는 참 문제가 많다고 했지만요.

나 자신을 위해 사는 것도 쉽지 않고, 내 가족을 위해 사는 것도 쉽지 않은데, 나라를 위하여 자신의 목숨을 바친다는 것처럼 숭고한 일도 드물 것이라고 생각합니다.

우리는 세상에서는 순국선열에게 빚을 지고 있고, 신앙 안에서는 예수님께 평생 빚을 지고 사는 사람들인 거 같습니다. 빚진 자로서 살아간다는 것은 참 힘든 일이기도 하고 염치없는 일이기도 하지요.

오늘 제가 찾은 성경은 12월이 되면 즐겨 찾게 되는 성경구절인데 현충일에 하기에는 약간 좀 그렇기는 합니다만.

예수님을 예언한 구절로 알려진 이사야 53장을 보겠습니다.

제 취미 중의 하나가 성경책에 밑줄 긋기입니다. 날짜 적고 색색 형광펜으로 밑줄 그으면 얼마나 기분이 찢어지는지 모릅니다.

어차피 말씀 전하는 것은 성경 말씀을 재해석하는 과정이므로 저 역시 제가 느낀 생각을 이야기하는 수밖에 없네요.

이 구절은 읽으면 읽을수록 가슴 아프게 다가온 말씀입니다. 언제부터인가 이 구절을 읽을 때마다 가슴이 뭉클해지는 것입니다.

저는 이 말씀에서 첫 번째, 가장 가슴 아픈 예수님의 모습을 발견했습니다. 제게는 이런 의미로 말씀이 다가왔거든요.

예수는 나에게 멸시를 당했고, 나에게 버림을 받았고, 나 때문에 고통을 많이 겪었고, 나 때문에 병을 앓고 있었다는 것, 예수가 싫어서 얼굴을 돌렸고, 그런 예수를 귀하게 여기지 않았다는 것을.

예수가 계시던 시절, 그 곳에 제가 살지 않았다는 것이 얼마나 다행인지요. 예수의 허름하고 보잘 것 없는 모습을 보고 저는 절대 따라가지 않았을 것이 분명하니까요.

하지만 문제는 지금 현재의 저 역시 예수를 잘 따르려 하지 않을 것이라는 것을 부인하지 못하겠네요. 저의 내면에 꿈틀거리는 어떤 것들 때문에 제 스스로 깜짝 놀랄 때가 왕왕 있거든요.

두 번째, 이 말씀에서 이웃을 발견했습니다.

예전에 순자씨라고 있었어요. 갈릴리 찬양대를 할 때인데 일찍 교회에 가면 지하 가나홀에서 늘 마주치던 분이었지요. 한눈에 보기에도 정신적으로 약간 모자라는 아주머니였습니다.

그분은 누구를 보아도 히죽 웃고, 어느 때는 반갑게도 웃고, 또 어느 땐 아주 환하게 웃었어요. 모든 교인이 그 아주머니의 존재를 알고 있었지요. 하지만 아주머니는 마치 투명인간 같았습니다. 누구의 눈에도 뜨이지만 어느 누구도 관심 두지 않는.

많은 분들이 그냥 무시하고 지나쳤고, 저 역시 별 관심 없이 아주머니를 지나치고는 했습니다. 그런데 어느 순간 곰곰이 생각해 보니 그 아주머니의 모습이 이사야서의 예수님 모습과 너무도 닮아 있는 것입니다. 그분을 보았던 분들은 고개를 끄덕일 것입니다. 아주머니의 모습은 이러했습니다.

그는 사람들에게 멸시를 받고,
버림을 받고,
고통을 많이 겪었다.
그는 언제나 병을 앓고 있었다.
사람들이 그에게서 얼굴을 돌렸고,
그가 멸시를 받으니,
우리도 덩달아 그를 귀하게 여기지 않았다.

어느 날, 그 아주머니가 돌아가셨다는 소식을 들었을 때 덜컥, 마음이 내려앉았습니다. 그 분이 바로 예수님이 아니었을까 하는 생각에 소름이 끼쳤습니다. 우리는 얼마나 많은 예수님을 못 본체 하고 외면하고 사는 것일까요.

그런데 문제가 또 생겼어요. 우리 속회에도 그런 분이 한 분 계시거든요. 끼니를 못 이을 정도의 가난과 평생 함께 하신 분이셔요.

너무 마르셔서 정말 한줌밖에 안되어 보이는 그 권사님은 가끔 엉뚱하십니다. 툭툭 이상한 말씀도 잘 하시고 고개를 갸웃거리게 하는 신념을 가지고 계시는데 고집도 있으셔서 아무도 못 말려요. 정말 볼품없고, 버림받았고, 지금도 많은 고통을 당하고 계시고 그리고 병까지 있으십니다.

제가 속회를 인도할 때 가끔 하는 이야기가 있습니다. 지금 이곳에 함께 하신 분들이 서로에 대하여 생각하기를 '내가 이 중에서 제일 못났다. 제일 낮은 자다'라는 자각이나 깨달음이 있어야 비로소 예수님이 원하는 그리스도인이라는 것입니다. 물론 저도 어디서 은혜받은 이야기를 전해드리는 거죠.

그렇게 말은 하지만 아무리 생각해도 그 권사님보다 내가 더 못하다는 생각은 들지 않는 겁니다. 저는 그것이 정말 괴로웠습니다. 그래서 저는 아직도 예수님이 원하는 그리스도인이 못되었다는 것입니다.

여러분도 한 번 체크해 보시면 좋을 것 같습니다. 어느 모임에서든 그곳에 계신 다른 분들보다 자신이 가장 낮은 자라고 생각하십니까?

제게도 예수님이 한 분 계신데요. 바로 우리 남편인 이 권사님입니다. 근데 그 예수님이 어찌나 심통도 잘 부리고 꼬장도 잘 피우고 삐지기도 잘하고 아닌 말로 시험에도 어찌나 잘 드는지, 마치 시험 들기 위하여 교회 오는 게 아닌가 생각될 적도 있습니다. 그럴 때 이렇게 말합니다. 예수님, 오늘은 왜 그렇게 삐지셨나요? 그러면 놀린다고 더 화를 냅니다만.

한 가지 매우 이상한 사실은 우리 이 권사님은 참으로 눈이 좋다는 것이지요. 누가 졸았다거나 누가 이상한 말을 했다거나 누가 싸가지가 없다거나 하는 것은 주일 설교 말씀보나 훨씬 은혜롭게 접수가 되는 모양입니다. 그리고는 나를 앉혀놓고 따지는 겁니다. 대체 그 사람은 왜 그 모양이냐 왜 저 모양이냐.

그러면 저는 예수님, 당신은 왜 그 모양이냐 하고 되묻고 싶지만 속 좁은 예수님이 화낼까봐 설설 기고 마는 것이지요. 저는 같이 사는 저 예수님 때문에 속이 타서 못 살겠습니다.

소설가에게는 작가적 관점이라는 것이 있습니다. 그래서인지 제게도 늘 두 가지 관점이 있죠.

기독교인인 권사의 눈으로 보는 것과 작가적 관점으로 바라보는 것이 좀 차이가 나지요. 교회 안에서의 나와, 교회를 밖에서 보는 내가 있습니다.

이미 한국의 개신교는 보편타당한 종교가 아닙니다. 우리나라의 기독교 양태가 섬기는 교회 지도자의 신앙 칼라에 교인들이 좌지우지되는 원인도 한 몫 작용하는 것이지요. 즉, 자신이 속한 그 교회 지도자가 이야기하는 기독교가 전부인 줄 알고 있기에, 당연히 교회 지도자의 선입견이나 무지 또한 고스란히 그대로 따라가게 되어있는 것입니다.

우리 교회도 목회자가 바뀜으로 해서 많은 영역의 패러다임도 바뀌게 되었습니다. 리더십이 변화되었기 때문에 거의 모든 체제가 변화의 과정을 겪고 있는 실정이지요. 보수 측인 신학대학과 진보 측의 신학대학에서 배우는 내용들이 놀랍게도 많은 차이가 나는 것 역시 사실입니다. 감신, 목원대는 진보 측에 있는 신학교로 알려져 있지만 그것 역시 목회자에 따라 다르게 적용되겠죠.

　　이미 한국의 개신교는 '어느 누구나 오는' 보편타당성을 많이 잃어가고 있지요. 주일에는 쉴 수 없는 직장을 다니는 사람이나 생활이 너무 힘들어서 헌금 내시기 힘든 분이라거나 너무 배운 것이 없어서 성경을 제대로 읽을 수 없는 사람은 교회에 다니기를 꺼려 합니다. 예를 들면 우리 친정 엄마가 그러 합니다. 교회에 다니기 힘든 이유 중 하나가 바로 성경구절 돌아가며 읽기였다고 고백했거든요.

　　우리 교회를 사십 년 가까이 다니면서 느끼는 것 중의 하나는 대단히 엘리트적이라는 것입니다. 그것은 서울 시내에 자리 잡고 있는 100년 넘은 교회, 천명이 넘는 교인 수, 삼 사대를 이어가는 신앙의 전통들이 결국 그렇게 고상한 교회를 이루어 내지 않았나 그렇게 생각합니다. 하지만 보편타당성을 잃으면 교회의 본질에서 멀어지는 것도 사실이라는 것을 직시해야 할 것입니다.

물론 교인 전부가 그런 것은 아니지만 세상과 마찬가지로 부유한 사람은 추앙받고 많이 배우거나 권력이 있는 분들에게 시선을 집중시키는 경향이 있는 것을 부인하지는 못할 것입니다. 그것은 우리 인간이 지닌 권력지향적인 본능일 수도 있겠지만 오늘 말씀에 나오는 예수님의 모습과는 정 반대를 지향하는 것을 다시 생각해 보아야 할 것입니다.

예전에 제가 마음속으로 약간 미워한 어느 장로님이 계셨어요. 그분은 어느 집사님을 꼭 박사, 박사하고 부르는 것입니다. 교회에 박사님이 있다는 것은 좋은 일이지만 그것이 박사는커녕 학교도 제대로 나오지 못한 사람들에게 걸림돌이 되어서는 곤란하다는 것이지요.

속회에서도 종종 그런 말이 오갑니다. "배운 사람은 틀려. 집안이 참 좋구만. 예의 바른 것을 보니 교육을 잘 받은 것이 틀림없어."

또는 예전에 어디 학교를 나왔느니 예전에 뭐가 있었느니 장관을 했느니 하는 이야기를 자랑삼아 늘어놓으시지요.

그럴 때 저는 마음이 움츠러듭니다. 그런 좋은 곳은 평생 한 번도 가보지 못한 분도 계시니까요.

까놓고 말해서 '그리스도인이 된다는 것'에 '가방끈'이 길다는 것이 무슨 연관이 있습니까? 그 분이 예전에 교양 있는 집안에서 행세를 했는지 안했는지 무슨 연관이 있나요?

사람의 기억력은 비상해서 누군가 숨기고 싶은 약점은 그 사람이 죽을 때까지 기억합니다. 아니, 제가 조가중찬단을 해서 좀 아는데 그 사람이 죽고 나서도 사람들 간에 이야깃거리가 됩니다. 저 사람 옛날에 주먹 좀 썼대, 또는 저 사람 옛날 다방 마담이었다네, 아니면 저 사람 첩이었대.

예수님의 보혈로 그 사람의 상처를 깨끗하게 하시고 눈처럼 하얗게 만들어 준적이 옛날 고리짝인데 예수님도 다 잊어버리고 다시는 기억하지 않겠다고 선언하는 그 사람의 죄성 있는 과거를, 사람들은 그것을 끈질기게도 기억하고, 기억만 하는 것이 아니라 목숨 걸고 전파하기까지 합니다.

거기다가 보태기까지 하지요. 누군가에 대하여 좋은 인식을 말하려고 하면, 체, 뭘 모르시네. 저 사람 예전에 어땠는지 알아? 하면서 전혀 알고 싶지도 않은 편협된 비리를 잘 부풀려 이야기해주는 것이지요.

저는 그것이 바로 '예수님에 대한 멸시'라고 생각합니다. 오늘 말씀에서의 사람들이 그에게서 얼굴을 돌렸고, 그가 멸시를 받으니, 우리도 덩달아 그를 귀하게 여기지 않았다는 그 말씀 말입니다.

"자랑하려면 부득불 나의 약한 것을 자랑하리라,"라고 했던 바울의 말씀도 있잖아요? 바울은 예수님의 십자가밖에 자랑할 것이 없다고도 했고 그리고 자랑하지 말라고도 했는데 우리는 연약하여 늘 자랑을 입에 달고 삽니다.

그러므로 바로 지금이 우리 교회의 〈노블리스 오블리제〉가 필요한 시점이라는 것이지요.

'가진 자의 도덕적 의무'라는 뜻이 있는 노블리스 오블리제는 비단 사회에서만 통용되는 것이 아니라 교회 안에서도 필요하다는게 저의 생각입니다.

없는 자, 가지지 못한 자, 배우지 못한 자, 힘들고 어렵고 고통스러운 자에 대한 배려 없이는 교회가 하나님의 뜻을 실현하기 매우 어려울 것입니다.

믿은 사람들에게도 하나님이 주신 분복이 있어서 어떤 사람은 부유하게 살기도 하고 어느 사람은 평생 괴롭고 힘들게 살기도 합니다.

또 어떤 사람은 평생 손에 물 하나 묻히지 않고 고상하게 살기도 하지만 또 어떤 사람은 병에 시달리거나, 갖가지 힘든 문제를 끌어안고 거센 풍랑 속에서 일생을 살기도 하는 것이지요.

싸이코 패스가 범죄를 저질러 떠들썩하고 어린이 성추행을 하고 인면수심의 많은 문제적 자아를 가진 사람들이 도처에 깔려 있어 밤길도 함부로 가지 못하는 세상에서 교회의 역할이나 그리스도인의 역할을 새삼 다시 되짚어봐야 하는 이유가 여기에 있습니다. 예수님의 원하는 공동체는 모든 사람들이 더불어 살아가는, 살아갈 수 있는 사랑의 공동체, 신앙의 공동체였기 때문입니다.

이미 우리 교회는 일정한 수준이 있다는 것을 부인 할 수는 없습니다. 그것은 어쩔 수 없는 일이기도 하지요.

우리 소망 찬양대를 한 번 볼까요. 우리들 역시 많은 부분에 있어서 수준 있는 찬양대입니다. 악보를 볼 줄 알고 발성도 어느 정도는 되는 분들이고 게다가 최우선적으로 하나님 찬양하는 것을 기쁘게 여기고 주일에 쉴 수 있는 여건이 있고 클래식 콘서트에도 가는 것이 낯 선 일이 아닙니다. 참으로 문화적인 생활을 누린다고 해야 할까요.

뿐입니까. 아침 일찍 교회에 오려면 여러 가지 집안에서 도와주고 이해해주는 측면이 있어야 하는데 그 문제들도 대개 해결되는 모양입니다. 그렇게 본다면 우리는 이른 아침 교회에 뛰어가 찬양대를 할 정도의 신앙과 여건이 어느 정도는 허락되어 있는, 축복된 위치에 있다는 것이지요.

찬양대원을 보니 교사를 하거나 여러 곳의 찬양대를 하는 등 교회에 중추적 역할을 하고 봉사하시는 분이 거의 다인 것 같습니다. 우리 교회에서 허리 부분에 해당하는 중심적 위치의 연배들이 자리 잡고 있는 걸 보면 참으로 든든합니다.

그렇게 본다면 우리 소망 찬양대 대원 모두는 우리 교회의 노블리스 오블리제를 실현하는 분들이어야 한다는 결론입니다.

신앙의 노블리스 오블리제는 이미 가지고 있는 기존의 배움 지식 물질 권력의 울타리를 넘어서 '먼저 신앙을 가진 자로서의 역할'을 말하는 것입니다.

내가 이떤 사람을 미움속으로 살짝 멸시할 때 바로 그 사람이 예수님일지도 모릅니다. 내가 어떤 사람을 귀하게 여기지 않았는데 바로 그 사람이 예수님일지도 모릅니다. 고운 모양도 없고, 훌륭한 풍채도 없고, 흠모할 아름다운 모습이 없는 어떤 사람이 예수님일지도 모릅니다. 잘나지도 않았고 배운 것도 없고 말하는 것도 어눌하여 도무지 가까이 하고 싶지 않은 어떤 사람이 바로 예수님일지도 모릅니다.

저는 찬양대를 사랑합니다. 찬양하는 것도 정말 좋아합니다. 어제 밤 꿈에서도 주일 찬양 연습곡을 신나게 불렀습니다.

주님을 경배할 지어다, 주님, 경배 할 지어다.
영광 존귀 힘과 능력 주님 받으소서.
영광과 존귀 힘과 능력 주여 받으소서.

그렇다고 노래방을 좋아하는 것도 아닙니다. 일 년에 한두 번 겨우 가거든요. 하지만 찬양곡은 다릅니다. 전혀 달라요.
저의 마음에 분란이 올 때 찬양곡의 가사들이 얼마나 나에게 평화를 위로와 힘을 주었는지 모릅니다.

중고등부 시절부터 찬양대를 고수해온 이래 그야말로 찬양하는 맛에 들려 심각하게 중독되어 있는 상태이지요. 피스를 집까지 들고 가서 연습하거나 집에서 키보드나 피아노를 두들기면서 찬양하며 행복해 합니다. 수십 년 동안 찬양대에서 훔쳐온 (허락없이 가져온?) 악보들이 책장 맨 아래 칸에 꽉 차 있을 정도로 열심이기도 합니다.

생각해보니 저의 교회에서의 일 년은 부활절 칸타타에서 추수감사 특별찬양, 그리고 크리스마스칸타타로 눈 깜빡할 새 지나가버리는 것 같습니다. 오, 그때마다 주시는 은혜와 감격을 어떻게 표현해야 할까요!

돌이켜 보면 정말 축복된 삶을 살아온 것이 틀림없습니다. 찬양의 시간은 모두 하나님이 주신 귀한 선물의 시간이었지요.

제가 달걀을 참 좋아하거든요. 며칠 전인가 달걀 프라이를 먹으면서 우리 권사님에게 그랬어요. 여보, 나 죽을 때 달걀 좀 넣어주세용. 그랬더니 그렇게 좋아하는 감자와 김도 넣어주겠다고 인심을 쓰는 것이 아니겠습니까!

우리 이 권사님에게도 말했고 여러 사람에게 부탁한 것이 있는데요. 저는 죽으면 찬양대 가운을 입혀달라고 했습니다.

언제인가 찬양대 가운을 입는데 말할 수 없는 감격에 사로잡힌 적이 있었거든요 '어떻게 나 같은 존재가 이런 은혜의 가운을 입을 수 있단 말인가' 하는 그 감사가 사무쳤습니다. 가끔 찬양대석에 앉아서도 그런 생각을 합니다. '어떻게 내가 이 자리에 앉아 있을 수가 있을까.'

아주 오래 전 일입니다. 함께 차를 타고 가시던 안명세 목사님께서 금란교회를 짓고 있는 곳을 지나시다가 이렇게 말씀하셨습니다.

"금란교회... 대단하다. 정말 기적이다." 그런데 제가 목사님께 말했어요. "목사님! 저는 내가 하나님을 믿는 것이 더 대단합니다. 내가 어떻게 하나님을 믿게 되었는지 그것이 더 기적입니다."

세 번째, 성경 말씀에서 나의 모습을 찾았습니다.

성경 속의 초라한 사람이 바로 나였습니다. 이전 예수님을 몰랐던 때의 나이기도 하고 신앙생활을 하는 중에도 가끔 넘어질 때면 저런 가엾은 모습으로 되돌아가는 나의 모습이기도 합니다.

성경 말씀에서 그를 나로 대입하여 다시 읽어보시기 바랍니다.

나는 사람들에게 멸시를 받고,
버림을 받고,
고통을 많이 겪었다.
나는 언제나 병을 앓고 있었다.
사람들이 나에게서 얼굴을 돌렸고,

내가 멸시를 받으니,
아무도 덩달아 나를 귀하게 여기지 않았다.

그러했던 나의 모습을 찬양대원의 자리까지 이끌어 주신 하나님께 감사드립니다.

우리는 오래된 믿음이어서인지 모르지만 하나님의 사랑과 은혜의 감격에 무디어질 때가 많은 것 같습니다. 하지만 찬양대의 자리는 항상 그 은혜가 살아 움직여야 하고 그런 마음가짐으로 부르는 감사의 찬양이 하나님이 기뻐 받으시고 교인들에게도 더욱 은혜가 될 것 같습니다.

우리 소망 찬양대가 노블리스 오블리제의 역할을 하는 것이 이때도 필요합니다.

먼저 은혜 받은 자, 그것은 세상에서 가진 자보다 더욱 귀한 보물을 가진 분들이지요. 이런 분들의 교회 안에서의 도덕적 의무는, 삶의 굴곡과 고통 여정에서도 찬양드릴 수 있는 우리 소망 찬양대가 짊어져야 할 아름다운 의무라고 생각합니다.

믿음을 먼저 가진 우리 소망 찬양대 여러분이 우리 교회 곳곳에서 빛을 발하셔서 귀한 사랑의 손길과 아름다운 마음으로 우리 교회의 노블리스 오블리제를 실천하는 여러분이 되시기를 바랍니다.

아참, 잊은 것이 있습니다.

특히 삐짐 잘하는 집안의 예수님께 잘하시기 바랍니다.

지금도 교회 안에서 남모르게 멸시받고 천대받고 인정받지 못하고 구석에서 소외되어 있는 분들을 끌어안고 사랑의 공동체가 되어 갈 수 있도록 우리 소망 찬양대가 그 역할을 힘써 할 것을 믿어 의심치 않습니다.

지금까지 저의 '제멋대로 설교'를 들어주셔서 정말 감사합니다. 마침 기도는 여러분들이 각자 하세요.

대한민국에서 교인으로 살아가기

2020년 5월 15일 초판 1쇄 펴냄

지은이   이숙경
디자인   엠오디그래픽스
일러스트   송혜숙 오유나
펴낸이   윤상훈
펴낸곳   엠오디
주소   서울 강남구 강남대로106길 17
전화   02-333-4266
전자우편   mod@modgraphics.co.kr
홈페이   www.modgraphics.co.kr
출판등록   2002년 3월 14일 제 2020-000078호

ISBN   979-11-970302-0-8

그녀는 맑게 소외된 자리보다, 생의 한가운데에서 부대끼며 살아가는 모습이 훨씬 매력적이다.
　　　　　　　　　　　　　　　　　　　　　　　　　　　　　　　- 안태현 (시인)

말씀과 다른 한국 교회 현실에 대한 예리하고도 솔직한 비판은 교회에 대한 깊은 애정 없이 불가능하다.
　　　　　　　　　　　　　　　　　　　　- 이상일 (전 서울신문 논설위원)

자유인, 마음이 가난한 자인 이숙경 작가의 세세한 삶의 투명한 신앙 고백은 죄인 된 세상에서 우리에게 休心井(휴심정)을 주고, 명상과 성찰, 보다 나은 세상으로 나아가는 영원한 희망을 공유하게 한다.
　　　　　　　　　　　　　　　　　　　- 이상환 (전 중앙선거관리위원)

이숙경 작가는 마음과 행동과 글이 삼위일체가 되어 함께 하는 사람들에게 믿음을 전염시키고 사랑을 전염시킨다.
　　　　　　　　　　　　　　　　　　　　　　　　　　　　　- 원미원 (배우)